AF461296

LETTRES, STATUTS ET ARRETS DE LA COUR DE PARLEMENT,

Confirmatifs d'icelles, accordées en faveur des Maiſtres Eventailliſtes, Faiſeurs & Compoſiteurs d'Eventails, de la Ville, Faubourgs & Banlieuë de Paris.

F. 2795.
Event.

A PARIS,
De l'Imprimerie de LANGLOIS, ruë S. Etienne d'Egrès, au bon Paſteur.

M. DCC. XXXIX.

EXTRAIT DES REGISTRES du Conſeil d'Eſtat.

UR la Requête préſentée au Roi en ſon Conſeil par les Maîtres Doreurs ſur cuir, & autres Ouvriers exerçans le métier d'Eventailliſte, dans la Ville, Faubourgs & Banlieuë de Paris; contenant que pour joüir des Privileges que produit journellement l'éxécution de l'Edit du mois de Mars mil ſix cent ſoixante-treize, au profit de ceux qui ſe ſoûmettent volontairement d'y obéïr, les Supplians ont offert de payer à Maître Thomas Vaveigne, chargé du recouvrement de la Finance qui doit provenir de l'érection en Maîtriſe & Jurande de toutes ſortes d'Arts & Métiers, de payer les ſommes dûës à Sa Majeſté, pour ériger ledit Metier d'Eventailliſte en Maîtriſe & Jurande. A CES CAUSES, requéroient leſdits Supplians, qu'il plût à Sa Majeſté, qu'en vertu dudit Edit, ledit Métier d'Eventailliſte ſoit & demeure dès-à-preſent érigé en Corps de Maîtriſe & Jurande, pour en être la Profeſſion exercée par ceux qui ſeront admis en ladite Maîtriſe, au nombre de ſoixante, ſans qu'il puiſſe être augmenté, ſinon par la voie de l'apprentiſſage. Auquel effet ſeront les Aſpirans reçus dès maintenant en ladite Maîtriſe par les Sieurs Procureurs de Sa Majesté aux deux Châtelets, en la maniere accoutumée, & à chacun la Lettre ordinaire, pour ce convenable, délivrée en payant les droits, sans aucune novation : Avec défenses à toutes personnes, même aux Peintres, de troubler lesdits Maîtres Eventaillistes après leur reception, en l'exercice de leurdit Métier, sur les peines contenuës ausdites Lettres Patentes, Statuts & Arrêts du Conseil, rendus & à rendre pour la manutention dudit Métier d'Eventailliste. VEU ladite Requête, signée Daubriere, ancien Juré desdits Doreurs sur cuir, Faiseurs & Monteurs d'Eventails, fondé de Procuration spéciale desdits Supplians, le Traité fait avec Thomas Vaveigne, commis par le Roy au recouvrement de la Finance, qui doit provenir de l'éxécution de l'Edit des Arts & Métiers du mois de Mars mil six cent soixante-treize : Les Lettres Patentes du trentiéme Mars de l'année mil six cent soixante-quinze ; les projets d'autres Lettres Patentes & Statuts présentez par lesdits Supplians, & autres Pieces attachées à ladite Requête : Ouy, le Rapport du Sieur Colbert, Conseiller ordinaire du Conseil, & Controlleur General des Finances : SA MAJESTE' EN SON CONSEIL a renvoyé & renvoye lesdits Supplians, leur Requête, Traitez, Projets de Patentes & Statuts, & autres Actes, pardevers le Sieur Lieutenant General de Police, & les Sieurs Procureurs de Sa Majesté aux deux Châtelets, pour lui donner sur ce leurs avis ; & suivant iceux être pourvû ausdits Supplians, ainsi qu'elle avisera bon être par raison. FAIT au Conseil d'Etat du Roy, tenu à S. Germain en Laye l'onziéme jour d'Avril mil six cent soixante-seize. Collationné. Signé, COQUILLE.

VEU par Nous Gabriel-Nicolas de la Reynie, Conſeillier du Roy en ſes Conſeils d'Etat & Privé, Maître des Requêtes ordinaire de ſon Hôtel, & Lieutenant General de Police de la Ville, Prevôté & Vicomté de Paris; Armand Jean de Riantz, Chevalier, Marquis de la Galeziere, Baron de Riveray, & Claude Robert, Conſeillers du Roy en ſes Conſeils, & ſes Procureurs aux deux Châtelets, la Requête préſentée à Sa Majeſté par les Maîtres Doreurs ſur cuir, & autres particuliers, à ce qu'il plût à ſadite Majeſté de les établir en Corps & Communauté de Maîtres Eventailliſtes, Faiſeurs, Compoſiteurs, & Monteurs d'Eventails de la Ville, Faubourgs & Banlieuë de Paris, & de leur accorder à cette fin les Statuts & Lettres néceſſaires, en conſéquence de l'Edit du mois de Mars mil ſix cent ſoixante-treize, pour l'établiſſement des Arts & Métiers en Communauté, pour ceux qui ne ſont d'aucuns Corps, & qui néanmoins font profeſſion & commerce de Marchandiſes & denrées: laquelle Requête & Piéces y énoncées, Sa Majeſté nous auroit renvoyées pour y donner notre avis: Veu auſſi ledit Edit du mois de Mars mil ſix cent ſoixante-treize, & les Statuts préſentez au Roy & à Noſſeigneurs de ſon Conſeil par leſdits Maîtres Doreurs ſur cuir, & autres particuliers, pour être érigez en Corps & Communauté de Maîtres Eventailliſtes, contenant dix-neuf Articles.

Notre Avis eſt, ſous le bon plaiſir du Roy & Noſſeigneurs de ſon Conſeil, Sa Majeſté voulant ériger en Maîtriſe & Corps de Communauté le Métier d'Eventailliſte de la Ville, Faubourgs & Banlieuë de Paris; que les Statuts contenant dix-neuf Articles peuvent être accordez, & que le Public ne recevra aucun préjudice de cet Etabliſſement. FAIT à Paris le dixiéme jour de Decembre mil ſix cent ſoixante-ſeize. Signé, DE LA REYNIE, DE RYANTZ, & ROBERT.

Signé, SAGOT.

Collationné ſur les Originaux, étant, ſçavoir celuy dudit Arreſt du Conſeil, en parchemin; & celuy dudit Avis, en papier: Ce fait rendus par les Conſeillers-Notaires, Gardenotes au Châtelet de Paris, ſouſignez, le trentiéme & dernier Septembre mil ſix cent ſoixante dix-ſept.

Signé, LE BEUF.

STATUTS
PRESENTEZ AU ROY
& à Nosseigneurs de son Conseil,

Par les Maîtres Doreurs sur cuir, & autres Particuliers, au nombre de soixante, pour être érigez en Corps & Communauté de Maîtres Eventaillistes, Faiseurs, Compositeurs, & Monteurs d'Eventails de la Ville, Faubourgs & Banlieuë de Paris.

ARTICLE PREMIER.

APPARTIENDRA au Métier de Maîtres Eventaillistes le droit de faire fabriquer & composer un Eventail de toutes les parties qui lui sont necessaires, le vendre & débiter dans leurs Boutiques & Magazins.

II.

SERA permis aux Maîtres Eventaillistes de peindre les Eventails, & iceux imprimer avec le pinceau ou autrement, de telles figures d'oiseaux, de fleurs, de païsages & personnages, ou autrement, & sur toutes sortes d'étoffes, soit cannetin, cuir, de franchipanne, ou autres de pareille qualité, qu'ils pourront rendre propres à la composition d'un Eventail.

III.

DEFENSES sont faites aux Maîtres Eventaillistes de

faire aucuns Portraits & Tableaux, ou aucun autre Ouvrage de Peinture, que ce qui eſt propre, & ſert à faire un Eventail ; & pour empêcher qu'ils n'entreprennent de contrevenir à la préſente prohibition, pourront les Jurez de l'Art de Peinture & Sculpture aller en viſite chez leſdits Maîtres Eventailliſtes, ſans frais, & faire les ſaiſies de tous les Ouvrages qu'ils trouveront n'être point du Métier d'Eventailliſte.

IV.

PAREILLEMENT défenſes ſont faites auſdits Maîtres Eventailliſtes de faire aucuns bâtons d'Eventails, & a eux enjoint de les acheter des Peigniers & Tabletiers ; & ceux d'or & d'argent, des Orfévres.

V.

CHACUN deſdits Maîtres Eventailliſtes pourra avoir un Apprentif, & non plus, auquel durant quatre années il enſeignera l'Art & Métier d'Eventailliſte, dont ledit Apprenif ſera tenu de faire enregiſter le Brevet en la Chambre de nos Procureurs au Châtelet de Paris ; & après ledit Apprentiſſage fini, ledit Apprentif ſera tenu de ſervir deux années les Maîtres en qualité de Compagnon ; après quoi il pourra aſpirer à la Maîtriſe, & y être reçû.

VI.

AUCUN deſdits Maîtres Eventailliſtes, preſent, & à venir, ne pourra employer ni faire travailler à la fabrication d'un Eventail, ailleurs que dans ſa maiſon, Boutique ou Magazin, & non en Ville dans une maiſon empruntée.

VII.

VOULONS qu'après la Reception faite au moins de trente deſdits Maîtres Eventailliſtes, il en ſoit choiſi deux, à la pluralité des voix, pardevant noſdits Procureurs aux Châtelets, pour être inſtituez & faits Jurez de ladite Communauté, & avoir ſoin des affaires d'icelle, & de la Confrairie.

VIII.

VIII.

Les Veuves des Maîtres jouiront durant leurs vies du privilege & Maîtrise de leurs défunts Maris, mais ne pourront avoir d'Apprentif que celui qui n'auroit point achevé son apprentissage, pour auquel achever d'apprendre le Métier, elle sera tenuë d'avoir un Compagnon expert.

IX.

Les Fils de Maîtres, & les Maris des Filles de Maîtres seront exempts de faire Chef-d'œuvre.

X.

Sera permis aux Maîtres Peintres de peindre à l'avenir, comme ils ont fait par le passé, les Eventails quand ils en seront requis, & aux Merciers d'en vendre & les enjoliver.

XI.

Ne sera permis aux Maîtres dudit Métier de prendre aucun Compâgnon sortant de chez un autre Maître, sans le consentement exprès dudit Maître, à peine de quatre livre d'amende contre le Maître qui le recevra, & contre le Compagnon.

XII.

Ne pourront lesdits Compagnons sortir de chez les Maîtres qu'en les avertissant quinzaine auparavant, sur les mêmes peines.

XIII.

Sera payé lors de la réception des Aspirans à la Maîtrise, à chacun Juré dudit Métier, la somme de trois livres, & la somme de vingt livres, pour être employée, moitié aux affaires de ladite Communauté, & l'autre moitié à la Confrairie.

XIV.

Lors de la reception desdits Aspirans à la Maîtrise, il y sera appellé huit Maîtres, dont il y en aura quatre Anciens qui auront passé les Charges, deux Modernes, & deux Jeunes, chacun à leur tour ; & leur sera payé pour tout droit chacun trente sols ; avec défenses d'éxiger des Apprentifs, ni même de recevoir, quand même il seroit volontairement offert, aucuns festins ni beuvettes, ni autres frais, à peine contre les Jurez d'être déchus de leur Jurande, & d'interdiction de la Maîtrise contre lesdits Maîtres, & de dix livres d'amende chacun.

XV.

SERONT tenus lesdits Jurez d'aller en visite chez tous les Maîtres dudit Métier, & des contraventions aux présens Statuts faire leur rapport en la maniere accoûtumée.

XVI.

SERA payé ausdits Jurez quatre Visites par chacun an, à raison de 5. sols par chacun Maître, pour chaque Visite.

XVII.

SERA tenu par chacun Maître de payer pour le droit de Confrairie 1. liv. par chacun an, pour être employée à ladite Confrairie, & pareille somme d'une liv. pour être employée aux affaires de la Communauté, dont les Jurez seront tenus de rendre compte en la maniere accoutumée.

XVIII.

DE'FENSES sont faites à toutes personnes de travailler dudit Métier, en la Ville & Fauxbourgs de Paris, s'ils n'ont été reçus Maîtres, à peine de confiscation des outils & ouvrages, & de dix livres d'amende.

XIX.

ET afin de connoître les ouvrages que chacun Maître aura fabriquez, auront lesdits Maîtres chacun leur marque différente, qui sera empreinte sur une table de plomb, qui sera en la Chambre de nosdits Procureurs, de laquelle ils seront tenus de marquer leurs ouvrages, à peine de quatre livres d'amende: & ne pourront contrefaire la marque les uns des autres sur pareille peine. Signé DE LA REYNIE, DE RYANTZ, & ROBERT.

Signé, SAGOT.

Collationné sur l'Original en parchemin; ce fait rendu par les Conseillers du Roy, Notaires au Chastelet de Paris, soussignez, le dernier Septembre mil six cent soixante-dix-sept.

Signé, LE BEUF.

Extrait des Registres du Conseil d'Etat, qui confirment les Privileges des Statuts des Eventaillistes.

SUR la Requête présentée au Roy en son Conseil par les Maîtres Doreurs sur cuir, & autres Ouvriers exerçans le Métier d'Eventaillistes dans la Ville, Faubourgs, & Banlieuë de Paris, contenant qu'en éxécution de l'Edit du mois de Mars 1673. ayant traité avec Thomas Vaveigne, chargé du recouvrement de la Finance qui doit provenir de l'érection en Maîtrise & Jurande, de toutes sortes d'Arts & Métiers, pour faire ériger en Corps de Maîtrise & Jurande l'Art d'Eventaillistes, dont ils font profession; ils ont obtenu un Arrest du Conseil le onziéme Avril 1676. qui les renvoye pardevant le sieur de la Reynie, Lieutenant General de la Police, & les sieurs Procureurs de Sa Majesté à l'un & à l'autre Châtelet, pour avoir leurs avis sur la Requête, les Traitez, les Statuts, & les autres Actes concernans la demande des Supplians; en éxécution duquel Arrest ils ont remis lesdits Actes entre les mains desdits sieurs Commissaires, qui après les avoir examinez avec toute l'application possible, ont donné leurs avis le dixiéme Decembre dernier, par lequel ils déclarent que l'érection du Corps du Métier dont il s'agit, & les Statuts qui leur ont été mis entre les mains, pour être observez par tous ceux qui composeront ledit Corps de Métier, n'ont rien qui puisse porter préjudice au public; cependant, quoique sur la foy du Traité fait avec ledit Vaveigne, & de ce qui s'en est suivi, les Supplians ayant pris des Lettres de Maîtrise, & prêté le Serment entre les mains desdits Procureurs de Sa Majesté aux Châtelets, ils ont le déplaisir de voir que plusieurs autres personnes qui n'ont pas fait ni les mêmes dépenses, ni les mêmes diligences qu'eux, continuent de faire le Métier d'Eventaillistes, d'en emporter tout le profit, pendant que lesdits Supplians sont occupez à solliciter les affaires de leur Communauté; ce que les Supplians ne peuvent empêcher que par le moyen des Lettres Patentes de Sa Majesté, verifiées au Parlement, & où il ne manquera pas d'y avoir des oppositions formées de la part de ces mêmes personnes, qui en arrêteront autant qu'ils pourront la verification, afin de travailler cependant sans rien contribuer aux dépenses importantes que les Supplians sont obligez de faire. A CES CAUSES, requéroient qu'il plût à Sa Majesté ordonner que ledit Art d'Eventaillistes demeurera dès-à-présent érigé en Corps de Maîtrise & Jurande, & qu'à cette fin toutes Lettres à ce nécessaires leur seront expédiées, & les Statuts arrêtez sous le bon plaisir de Sa Majesté & de son Conseil, par les sieurs Commissaires à ce députez, seront homologuez pour être exécutez selon leur forme & teneur; & cependant que les Supplians, & ceux qui prendront à l'avenir des Lettres de Maîtrises, jusqu'à la concurrence du nombre qui en a été arrêté, & qui se feront recevoir en la maniere ordinaire, exerceront seuls ledit Art, à l'exclusion de tous autres. Défenses à toutes personnes de les y troubler, ni d'exercer ledit Art, s'ils ne sont de la qualité susdite, à peine de quinze cens livres d'amende, & de tous dépens, dommages, & intérêts. VEU ladite Requête, signée Richard, l'Edit du vingt-troisiéme Mars 1673. l'Arrest du Conseil du onziéme Avril 1676. Les Statuts & l'avis des sieurs de la Reynie, de Riantz & Robert. Et oüi le Rapport du sieur Colbert, Conseiller ordinaire au Conseil Royal, Controlleur General des Finances. LE ROY EN SON CONSEIL, conformément à l'avis des sieurs Lieutenant de Police, & Procureurs de Sa Majesté du 10. Décembre 1676. a confirmé & confirme les Statuts présentés par les Supplians, ordonne qu'ils seront exécutez selon leur forme

& teneur, & à cet effet, toutes Lettres à ce néceſſaires ſeront expédiées, à la charge de payer inceſſamment le ſurplus des ſommes auſquelles ils ont été taxez, pour être érigez en Corps de Métier, ès mains du Tréſorier des Revenus caſuels. FAIT au Conſeil d'Etat du Roy, rendu à S. Germain en Laye le quinziéme jour de Janvier mil ſix cent ſoixante dix-huit. Signé par collation; & plus bas, BRIER, avec paraphe.

Collationné à l'Original par moi Conſeiller Secretaire du Roi, Maiſon, Couronne de France & de ſes Finances.

LE FEVRE.

LOUIS, par la grace de Dieu, Roy de France & de Navarre : A tous préſens & à venir, Salut. Nos chers & bien-amez les Maîtres Doreurs ſur cuir, & autres exerçans le Métier d'Eventailliſtes dans notre bonne Ville, Faubourgs & Banlieuë de Paris, Nous ont fait remontrer, qu'ayant connu l'avantage que le Public & les Barbiers-Baigneurs & Etuviſtes de notredite Ville, ont reçu de l'établiſſement dudit Art en Maîtriſe, ils auroient déſiré joüir du même avantage, en exécution de notre Edit du mois de Mars 1673. Et à cette fin, ils ont préſenté leur Requête à notre Conſeil, ſur laquelle ſeroit intervenu Arreſt le onze Avril 1676, portant renvoi de leurdite Requête & Traitez par eux faits avec Maître Thomas Vaveigne, chargé du recouvrement de la Finance qui doit provenir de l'érection en Maîtriſe des Arts & Métiers de notre Royaume; Enſemble, du projet des Statuts dreſſez par leſdits Expoſans, pardevant le ſieur Lieutenant General de Police, & nos Procureurs des ancien & nouveau Châtelet, pour nous donner leurs avis ſur le contenu eſdites Requêtes, Traitez & Statuts, & ſur iceux avis être pourvû audits Expoſans, ainſi que de raiſon. En exécution duquel Arreſt les Expoſans auroient préſenté leur projet de Statuts auſdits ſieurs Commiſſaires, rédigez en dix-neuf Articles; & après les avoir mûrement examinez, ils nous auroient donné leurs avis, qu'il y avoit lieu d'eriger leur Métier en Corps & Communauté en ladite Ville, Fauxbourgs & Banlieuë de Paris, & que le public n'en recevroit aucun préjudice, en conséquence duquel les Exposans auroient traité de bonne foi avec ledit Vaveigne, obtenu leurs Lettres de Maîtrise, en conséquence dudit Traité, même prêté le serment entre les mains de notre Procureur audit Châtelet, & lors qu'ils ont crû joüir paisiblement de l'effet de leursdites Lettres, ils y sont journellement troublez, en ce que divers particuliers, qui n'ont pas fait ni les mêmes dépenses, ni les mêmes diligences, continuent de faire ledit Métier d'Eventaillistes, ce qui leur causeroit divers procès; pour à quoi obvier, ils auroient derechef présenté leur Requête à notre Conseil, aux fins qu'il soit ordonné que ledit Art d'Eventaillistes demeurera érigé en Corps de Maîtrise & Jurande : sur laquelle seroit intervenu autre Arrest le quinziéme Janvier dernier, par lequel nous avons confirmé lesdits Statuts, & ordonné que toutes Lettres en seroient expédiées. A CES CAUSES, désirant gratifier & favorablement traiter lesdits Doreurs sur cuir, & autres Ouvriers exerçans le Métier d'Eventaillistes dans notre bonne Ville, Faubourgs & Banlieuë de Paris, conformément audit Arrest de notre Conseil dudit jour quinziéme Janvier dernier, & l'avis du sieur Lieutenant de Police, & de nos Procureurs ausdits Châtelets de Paris, Nous avons confirmé, loué & approuvé, & par ces Présentes signées de notre main, confirmons, loüons & approuvons les Statuts dudit Métier de Doreurs sur cuir, Eventaillistes de notredite Ville, Faubourgs & Banlieuë de Paris, rédigez en un cahier en parchemin, contenant dix-neuf Articles, ci-attaché sous le contrescel de notre Chancellerie; avec les susdits Arrests & Avis. VOULONS & Nous plaît qu'ils sortent leur plein & entier effet, & qu'ils soient exécutez selon leurs forme & teneur, sans qu'à l'avenir ils y soient contrevenus en quelque sorte & maniere que ce ſoit ; à la charge néanmoins que leſdits Expoſans ſeront tenus de payer inceſſamment le ſurplus des ſommes auſquelles ils ont été taxez pour être érigez en Corps de Métier, ès mains du Tréſorier de nos Revenus caſuels. SI DONNONS EN MANDEMENT à nos amez & féaux Conſeillers, les Gens tenans notre Cour de Parlement de Paris, Prevôt dudit lieu, ou Lieutenant de Police, & autres Officiers qu'il appartiendra, que ces Préſentes ils ayent à faire regiſtrer, & du contenu en icelles joüir & uſer leſdits Expoſans, & ceux qui leur ſuccederont audit Art & Métier, pleinement, paiſiblement & perpetuellement, ceſſant & faiſant ceſſer tous troubles & empêchemens au contraire. CAR tel eſt notre plaiſir. Et afin que ce ſoit choſe ferme & ſtable à toujours, Nous avons fait mettre notre ſcel à ceſdites Préſentes. Donné à S. Germain en Laye au mois de Février, l'an de grace mil ſix cent ſoixante-dix-huit, & de notre Regne le trente-cinquiéme. Signé, LOUIS. Et ſur le repli, Par le Roi, COLBERT, & à côté, *Viſa*, LE TELLIER, pour ſervir aux Lettres de confirmation de Statuts des Maîtres Doreurs ſur cuir, le Févre, & ſcellées du grand & petit Sceau de cire verte, en lacs de ſoye rouge & verte.

Collationné à l'Original par moi Conſeiller-Secretaire du Roy, Maiſon, Couronne de France & de ſes Finances.

EXTRAIT DES REGISTRES de Parlement,

Confirmant les Privileges de leur Art & Métier.

ENTRE la Communauté des Eventailliſtes de la Ville, Faubourgs & Banlieuë de Paris, Demandeurs en vérification & enregiſtrement de Lettres Patentes du Roi, portant établiſſement de leur Communauté ſuivant la

Requête par eux présentée à la Cour le   jour de & Défendeurs d'une part, & les Jurez-Gardes de l'Art de Peinture, Sculpture, & les Maîtres & Gardes du Corps des Marchands Merciers Jouailliers de ladite Ville, opposans à l'enregistrement desdites Lettres Patentes du Roy, données à S. Germain en Laye au mois de Février 1678. Signé, LOUIS, Et sur le repli, Par le Roy, COLBERT, & scellées du grand Sceau de cire verte, en lacs de soye verte & rouge, obtenuës par les Maîtres Doreurs sur cuir, & autres exerçans le Métier d'Eventaillistes, dans la Ville, Faubourgs & Banlieuë de Paris; par lesquelles, pour les causes y contenuës, ledit Seigneur Roy auroit confirmé, loüé & approuvé les Statuts dudit Métier de Doreur sur cuir, & Eventaillistes de ladite Ville, Faubourgs & Banlieuë de Paris, rédigé en un cahier en parchemin, contenant dix-neuf Articles, attachez sous le contre-scel de la Chancellerie, avec les Arrests du Conseil d'Etat, & avis du Lieutenant General de Police, & des Substituts du Procureur General du Roy des ancien & nouveau Châtelet, des 11. Avril, 10. Decembre, 1676. & 15. Janvier 1678, & auroit plû audit Seigneur Roy, qu'ils sortent leur plein & entier effet, & qu'ils soient exécutés selon leur forme & teneur, sans qu'à l'avenir il y soit contrevenu en quelque maniere que ce soit; à la charge néanmoins que les Impétrans seroient tenus de payer incessamment le surplus des sommes ausquelles ils ont été taxez pour être érigez en Corps de Métier, ès mains du Trésorier des Revenus casuels, ainsi & comme plus au long le contiennent lesdites Lettres à la Cour adressantes. Requête à Elle présentée par les Impétrans à fin d'enregistrement d'icelles. Actes d'opposition formée au Greffe de la Cour le 13. Juin & 23. Novembre 1676. par lesdits Jurez Maîtres de la Communauté des Peintres, Sculpteurs de Paris, & des Maîtres & Gardes du Corps des Marchands Grossiers & Jouailliers d'icelledite Ville, à l'enregistrement & verification desdites Lettres Patentes & Statuts. Requête desdits

desdits Maîtres Doreurs sur cuir, & autres exerçans ledit Métier d'Eventaillistes, du 15. jour de Février 1678. à ce qu'il plût à la Cour, sans avoir égard ausdites oppositions, ordonner que lesdites Lettres seroient enregistrées au Greffe de ladite Cour. Arrest du 16. jour de Mars audit an, par lequel ladite Cour sur lesdites oppositions & Requêtes, auroit appointé les Parties en droit à écrire & produire dans le temps de l'Ordonnance. Causes & moyens d'oppositions desdits Maîtres & Gardes des Marchands Merciers Grossiers Jouailliers, du 7. dudit mois de Mars. Requête desdits Eventaillistes du 12. May audit an, employée pour réponse. Requête desdits Jurez de l'Art de Peinture & Sculpture, du 4. Juin ensuivant, employée pour moyen d'opposition. Production des Parties. Requêtes desdits Eventaillistes des 6. & 17. dudit mois de Juin, employées pour contredits contre les productions desdits Opposans; la derniere, à ce qui leur fut donné Acte de la déclaration qu'ils font encore d'abondant, conformément à l'Acte du 23. jour de Mars 1678. qu'ils renoncent à la qualité de Doreurs sur cuir, & n'entendent en faire aucune fonction; consentent que les Statuts & Lettres Patentes par eux obtenus, ne soient vérifiez & enregistrez qu'en la qualité de Maîtres Eventaillistes, Faiseurs & Compositeurs d'Eventails seulement: & en conséquence procédant au jugement de l'Instance, leur adjuger les fins & conclusions par eux prises en icelles; sur lesquelles Requêtes auroit été mis, ait Acte, icelles signifiées aux Parties. Sommations de fournir de contredits par lesdits Opposans. Arrest du 7. jour de Septembre 1678. par lequel la Cour auroit disjoint l'Instance d'entre les Maîtres Cloutiers Lormiers, Marchands Feronniers, & lesdits Marchands Merciers Jouailliers; sur laquelle faisant droit, sans avoir égard ausdites oppositions, avant faire droit & procéder à l'enregistrement desdites Lettres & Statuts, auroit ordonné qu'elles seroient communiquées au Lieutenant de Police, & aux Substituts du Procureur General de l'ancien &

nouveau Châtelet, pour donner leurs avis sur le contenu en icelles; pour ce fait rapporté & communiqué audit Procureur General, être ordonné ce que de raison. Et à l'égard de l'appel desdits Jurez-Gardes de l'Art de Peinture & Sculpture, des Sentences renduës par ledit Lieutenant General de Police, le 7. Decembre 1677. au profit de Hilaire Damiens, Charles de Rochefort, & Charles Mallet, Maîtres Eventaillistes à Paris, auroit mis l'appellation au néant, ordonné que lesdites Sentences desquelles ils ont appellé, sortiront leur plein & entier effet, tous dépens réservez. Avis desdits Lieutenant de Police & Substituts du Procureur du Roy de l'ancien & nouveau Châtelet, donné en conséquence dudit Arrest du 7. jour de Septembre 1678. le 7. Decembre audit an. Requête desdits Damiens, de Rochefort & Mallet, du 23. jour de Janvier 1679. à ce qu'en prononçant sur l'Instance des Parties sur l'enregistrement desdites Lettres Patentes, lesdits Peintres & Sculpteurs de Paris seroient condamnez aux dépens réservez par ledit Arrest contradictoire du 7. Septembre 1678. confirmatif desdites Sentences de Police du Châtelet, données au profit desdits Damiens, Rochefort & Mallet, les 7. Decembre 1677. & 11. Janvier 1678. & en outre en ceux du présent incident, qui seront taxez par même Déclaration : sur laquelle Requête auroit été réservé à faire droit en jugeant, icelle signifiée ausdits Jurez de l'Art de Peinture & Sculpture. Requête desdits Eventaillistes du 27. du mois de Janvier, à ce qu'en procédant au Jugement de l'Instance, Acte leur fût donné, de ce qu'ils ne persistent plus contre lesdits Jurez de l'Art de Peinture & Sculpture, & Marchands Merciers, qu'aux dépens de leurs oppositions, dont ils requiérent la condamnation : sur laquelle Requête auroit été mis, ait Acte; & sur le surplus, reservé à y faire droit en jugeant; icelle signifiée ausdits Jurez de l'Art de Peinture & Sculpture, & ausdits Maîtres & Gardes du Corps des Marchands Merciers Jouailliers, du 4. du present mois de Février, employée pour défenſes & réponſes à la précedente. Concluſions du Procureur General du Roy: tout conſideré; LA COUR a donné Acte à la Communauté deſdits Eventailliſtes, de leur reſtriction portée par la Requête du dix-ſept Juin dernier: Ce faiſant, ordonne que leſdites Lettres & Statuts ſeront enregiſtrez au Greffe, pour être exécutez, & jouir par ladite Communauté des Eventailliſtes de leur effet & contenu, ſelon leur forme & teneur; à la reſerve néanmoins du onziéme Article deſdits Statuts, lequel demeurera ſupprimé; Ce faiſant, ne pourront les Maîtres de ladite Communauté prendre autre qualité que celle de Maîtres Eventailliſtes, Faiſeurs & Compoſiteurs d'Eventails ſeulement, & non celle de Doreurs ſur cuir; tous dépens compenſez. Fait en Parlement le dix-ſept jour de Février mil ſix cent ſoixante dix-neuf. Collationné, ſigné, JACQUES, avec paraphe.

Extrait des Regiſtres de Parlement, contre le Grand & Benard, Maîtres Tabletiers.

ENTRE les Jurez & Communauté des Maîtres Eventailliſtes de la Ville, Faubourgs & Banlieuë de Paris, Demandeurs en Requête du ſeptiéme May 1680, d'une part, & Louis le Grand, Jean Benard, Maîtres Peigners-Tabletiers à Paris, Deffendeurs; & entre leſdits Louis le Grand & Jean Benard, eſdits noms, Appellans des Saiſies faites ſur eux. Fait le 29. Avril 1680. Et Sentence du 7. May audit an, & leſdits Jurez & Communauté deſdits Eventailliſtes, Intimez; & entre ledit le Grand & Benard, Demandeurs en Requête & Exploit du 21. Octobre 1680. Et les Jurez & Communauté deſdits Maîtres Peigners-Tabletiers de cette Ville de Paris, Deffendeurs; & encore leſdits le Grand

& Benard, Demandeurs en Requête du 27. Fevrier 1681, & ladite Communauté des Eventaillistes, Deffendeurs, d'autre. VEU par la Cour la Requête & demande de ladite Communauté des Eventaillistes du 17. May 1680. à ce qu'ils fussent reçus opposans à l'exécution de l'Arrest obtenu par lesdits Benard & le Grand, Maîtres Peigniers-Tabletiers, le 13. May dernier, signifié le quinze dudit mois, il est ordonné que les Parties viendront plaider sur ladite opposition. Arrest d'appointement à mettre sur ladite opposition, pardevant Maître Philippe Genoux, Conseiller, donné à l'Audience sur ladite Requête, le 18. May 1680. Productions des Eventaillistes, Benard & le Grand. Autre Arrest du 31. Juillet audit an 1680. par lequel, du consentement des Parties, l'appointement à mettre auroit été converti en appointement de droit, & a été aux Parties de l'employ pour écriture & productions respectives. Les Exploits de Saisies faits à la requête desdits Eventaillistes, le 27. Avril audit an 1680. sur lesdits le Grand & Benard, de plusieurs Eventails montez de neuf, tant sur peaux, veslin, que taffetas. La Sentence du 7. May audit an, contradictoirement renduë entre Louis le Maistre, Maître Tabletier, & lesdits Jurez & Communauté des Eventaillistes, par laquelle l'avis du Procureur du Roy auroit été confirmé; ce faisant, deffenses audit le Maistre de plus à l'avenir entreprendre sur le Métier des Eventaillistes, & condamné aux dépens. Arrest du 21. Janvier 1681. par lequel, du consentement des Parties, l'appointement en droit auroit été converti en appointement au Conseil, & Acte de l'employ pour l'autre d'appel. Réponses, écritures & productions respectives, & autres Requêtes & demandes desdits le Grand & Benard, du 22. Octobre dernier; à ce que lesdits Jurez & Communauté des Peigniers fussent tenus de se joindre avec lesdits Benard & le Grand, pour soûtenir contre lesdits Eventaillistes; même de fournir aux frais de défenses desdits Maîtres Peigniers-Tabletiers. Arrest d'appointé en droit, du quatriéme Février 1680.

Production desdits Jurez & Communauté des Tabletiers, & Requête desdits le Grand & Benard. Employ & production. Autres Requêtes & demandes desdits le Grand & Benard, du 27. Février 1680. à ce qu'ils fussent reçus opposans à l'exécution de l'Arrest obtenu par les Eventaillistes, le 17. Février 16 9. portant que leurs prétendus Statuts seroient enregistrez au Greffe de la Cour, sans y avoir appellé lesdits le Grand & Benard, & leur Communauté; faisant droit sur ladite opposition, main-levée ausdits le Grand & Benard, des choses sur eux saisies, en vertu desdits Statuts, confirmez par ledit Arrest, avec dommages & interêts, à la representation les Gardiens contraints; ce faisant, déchargez, & les Contestans condamnez aux dépens. Arrest d'appointement en droit, du 30. Mars dernier. Requête desdits le Grand & Benard, & Communauté des Eventaillistes, respectivement employée pour production. Requête desdits Benard & le Grand, employée pour contredits. Sommation d'en fournir par les autres Parties. Productions nouvelles desdits Peigniers & Tabletiers, par Requête du 16. Avril dernier. Et Requêtes desdits le Grand & Benard, & desdits Jurez Eventaillistes, employées pour contredits. Requête desdits le Grand & Benard, du 13. Juin 1680. à ce que, sans s'arrêter à l'opposition des Jurez & Communauté des Eventaillistes, tant au Procès verbal de reception de Caution, qu'au commandement fait en conséquence, il fût ordonné que les choses saisies leur seroient renduës; à ce faire les Gardiens contraints; ce faisant, décharger la Caution par eux baillée, & chacun des contestans condamné aux dépens; Sur laquelle Requête auroit été reservé à faire droit en jugeant. Requête desdits le Grand & Benard, employée pour replique aux Requêtes desdits le Grand & Benard, du seiziéme jour de Mars; à ce qu'en infirmant lesdites Sentences, icelles saisies fussent déclarées injurieuses, que main-levée leur fût faites d'icelles, avec dommages & interêts: Et qu'à la représentation des choses saisies, les Gardiens

& Dépositaires seront contraints par corps; quoy faisant, déchargez, & les Eventaillistes condamnez aux dépens, sur laquelle Requête auroit été reservé à faire droit, en jugeant. Conclusions du Procureur General du Roy, tout joint & consideré. Ladite COUR faisant droit sur le tout, sans s'arrêter aux Requêtes desdits le Grand & Benard, du 13. Juin 1680. & 16. Mars dernier, a mis & met l'appellation au néant: Ordonne que ce dont a été appellé sortira effet, déboute lesdits Benard & le Grand de leurs oppositions, & les condamne en une amende ordinaire de douze livres, & aux dépens: & sur la sommation desdits le Grand & Benard, contre leur Communauté, hors de Cour, dépens pour ce regard conpensez. Fait en Parlement le 18. Juin 1681. Ainsi signé JACQUES, avec paraphe; & à côté, collationné avec paraphe, NORVAT; Et plus bas, le 7. Juillet 1681. signifié pour bailler copie à Monsieur Rabouroust & Buquet, Procureurs, 2. avec paraphe, signé MANTE, avec paraphe.

Sentence contre Darras, Marchand Mercier.

A TOUS ceux qui ces présentes Lettres verront, ACHILLES DU HARLAY, Chevalier, Conseiller du Roy en ses Conseils, son Procureur General en la Cour de Parlement, & Garde de la Prevôté & Vicomté de Paris, le Siege vacant, salut. Sçavoir, faisons que sur la Requête faite en Jugement devant nous, en la Chambre de Police de l'ancien Châtelet de Paris, par Maître Claude Gervais l'aîné, Procureur des Jurez de la Communauté des Maîtres Eventaillistes de Paris, Demandeurs en la confirmation, de l'avis du Procureur du Roy, du 12. du present mois, suivant la Requête verbale 13. ensuivant; contre Maître René Faineau, Procureur de Darras, Marchand Mercier, Deffendeur:

Parties oüies, lecture faite dudit avis susdatté, & autres Procès desdites Parties, Nous avons, de l'avis du Procureur du Roy, confirmé, & conformément à iceluy, avons declaré bonne & valable la Saisie faite sur ledit Darras, à la requête desdits Jurez Eventaillistes, des Marchandises, pinceaux, coquilles, & autres choses sur lui saisies, par Exploit du 11. May dernier; ce faisant, & conformément audit avis, ordonnons que lesdites choses saisies seront venduës, & les deniers en provenans rendus à la Partie de Faineau; à la reserve de quarante sols d'amende, & pareille somme de dommages & interêts, en quoi nous les avons condamné envers lesdits Jurez Eventaillistes, & seront payez ausdits Jurez les frais de ladite vente, & ceux faits pour y parvenir, les premiers pris; Comme aussi faisons deffenses à ladite Partie de Faineau, & à tous autres Marchands, de faire, ni faire faire des Eventails, ployer iceux, & entreprendre sur le Métier desdits Eventaillistes, à peine de confiscation desdites Marchandises, plus grande amende, & dommages & intérêts; & outre, avons le Deffendeur condamné aux dépens : Ce qui sera exécuté nonobstant oppositions ou appellations quelconques, & sans préjudice d'icelles : En témoin de quoi, nous avons fait sceller ces Présentes, qui furent faites & données par Messire Nicolas Gabriel de la Reynie, Conseiller d'Etat ordinaire, & Lieutenant General de Police de la Ville, Prevôté & Vicomté de Paris, tenant le Siege, le Mardy 26. May 1682. Ainsi, signé HINDRE', & au dos signifié audit Faineau, à son domicile, ce vingt-neuf May mil six cent quatre-vingt-deux.

Sentence contre Parton, Marchand Mercier.

A TOUS ceux qui ces présentes Lettres verront ; ACHILLES DU HARLAY, Conseiller du Roy en ses Conseils, & son Procureur General en la Cour de Parlement, & Garde de la Prevôté & Vicomté de Paris, le Siege vacant, salut. Sçavoir, faisons que sur la Requête faite en Jugement devant nous, en la Chambre de Police de l'ancien Châtelet de Paris, par Maître Claude Gervais, l'aîné, Procureur des Jurez Eventaillistes de la Ville de Paris, Demandeur, en confirmation de l'avis de Monsieur le Procureur du Roy de cette Cour, du 3. Septembre dernier, suivant leur Requête du 30. dudit mois de Septembre, assisté de Maître Guillaume Guerin, leur Avocat, contre Maître Nicolas de Longueil, Procureur de François Parton, Marchand Mercier, Grossier & Jouaillier à Paris, Deffendeur & Demandeur en infirmation desdites main-levées des choses sur lui saisies, attendu qu'il n'a point fait le Métier d'Eventailliste, qu'il n'en fait que quelquefois, suivant sa Requête verbale du 24. Septembre : Parties ouies, lecture faite de la Saisie sur ledit Parton : de la Requête desdits Jurez Eventaillistes, des choses mentionnées par Deshœuf, Sergent à Verge en cette Cour, le 22. dudit mois de Septembre, contrôlé à Paris, par
ledit jour, du Procès verbal du Commissaire le Page dudit jour, par lequel est aussi fait mention des choses contenuës en ladite Saisie ; dudit avis & Requête verbale respective susdatée. Nous avons la Saisie faite à la requête desdits Jurez sur ledit Parton, des quatre cercles tendus de papier double, dont un commencé d'être doré en feuille, & icelui papier tendu sur lesdits quatre cercles laissez en Eventails, faisant partie des choses saisies & mentionnées en ladite Saisie & Procès du Commissaire

missaire le Page susdit, déclarée bonne & valable ; Ce faisant, ordonnons que lesdits quatre cercles de papier double doré seront & demeureront confisquez au profit desdits Jurez. Faisons deffenses audit Parton de toutes autres Marchandises, mesme d'entreprendre sur ledit Mestier d'Eventaillistes, sur telle peine qu'il appartiendra, & pour lesdites choses saisies, en avons fait & faisons main-levée audit Parton, & pour la faute commise par iceluy Parton, le condamnons en vingt livres d'amende, en pareille somme de vingt livres de dommages & interêts envers lesdits Jurez, & en tous les dépens ; ce qui sera executé nonobstant & sans préjudice de l'appel : En témoin de ce, Nous avons fait sceller ces Presentes, qui furent faites & données au Chastelet de Paris, par Messire Gabriel Nicolas de la Reynie, Conseiller du Roy en ses Conseils d'Etat, & Lieutenant General de Police, tenant le Siege, Vendredy deuxiéme Octobre 1682. Ainsi, signé HYNDRE', avec paraphe ; & plus bas, scellé le quatorze Octobre mil six cent quatre-vingt-deux. LE HOUX, avec paraphe.

Sentence contre la Veuve Devin & Claude Brigongne, Tabletiers.

A TOUS ceux qui ces presentes Lettres verront, ACHILLES DU HARLAY, Conseiller du Roy en ses Conseils d'Etat & Privé, son Procureur General au Parlement, & Garde de la Prevôté & Vicomté de Paris, le Siege vacant, salut. Sçavoir, faisons que sur la Requeste faite en Jugement devant Nous, en la Chambre de Police de l'ancien Chastelet de Paris, par Maistre Claude Gervais, l'aîné, Procureur des Jurez Eventaillistes de cette Ville de Paris, Demandeurs aux fins de l'Exploit fait par Desbœuf, Sergent à Verge en cette Cour, le 27. Avril dernier, contrôlé à Paris le vingt-huit par Bonhomme, & encore Demandeurs aux fins de trois Requestes, & trois Assignations; la premiere & deuxiéme des 23. Avril dernier, au bas desquelles sont les Exploits faits par ledit Desbœuf, ledit jour, contrôlez à Paris par Rousseau, le même jour, & la troisiéme du 27. dudit mois, & Exploit fait en consequence, par Maziere, le jeune, aussi Sergent à Verge en cette Cour, ledit jour 28 contrôlé à Paris par Pernot, le même jour, assisté de Maistre Guillaume Guerin, leur Avocat, à l'encontre de Maistre Joucheray, Procureur de Claude Brigongne, Maistre Tabletier à Paris, assisté de Maistre Goudault, son Avocat, & encore contre Michelle Devin, veuve de feu J. Brigongne, vivant Maistre Peignier & Tabletier, aussi en cette Ville de Paris, Deffenderesse: Parties oüyes entre lesdits Gervais & Joucheray, & par vertu du deffaut de nous donné contre icelle. Devin non comparante, ny Procureur pour elle, lecture faite de la Saisie faite à la requeste desdits Jurez, sur ledit Claude Brigongne, par Desbœuf, Sergent à Verge en cette Cour, des choses y mentionnées, le 12. dudit mois d'Avril dernier, controllé à Paris par Bonhomme, le 23. dudit mois d'Avril, par lequel la Saisie a esté déclarée bonne & valable, & les choses saisies confisquées au profit des Jurez, & ledit Brigongne condamné en dix livres d'amende, & dix livres de dommages & interêts envers lesdits Jurez; dudit Exploit dudit jour 27. Avril, afin de confirmation dudit avis; de l'Assignation que ladite Devin a fait donner ausdits Jurez à la Prevôté de l'Hostel, pour voir dire que main-levée sera faite de ladite Saisie, signifié par Boullard Huissier en la Prevôté, le 26. Avril dernier; desdites Requestes & Assignations, tendant à ce que icelle Devin fust assignée par devant Nous, pour estre deboutée de sa demande en main-levée; & que deffenses luy fussent faites de se pourvoir en ladite Prevôté de l'Hostel, à l'execution, au bas desquelles trois Requestes sont nos deffenses à ladite Devin, de faire autres procedures ailleurs que pardevant Nous, pour le fait en question, sur les peines y portées, & autres peines des Parties : Nous avons déclaré la Saisie bonne & valable, les choses saisies & confisquées au profit des Jurez, sans amende ni dommages & interêts, & condamnons ladite veuve Brigongne & ledit Brigongne son fils aux dépens : Ce qui sera executé nonobstant & sans préjudice de l'appel : En témoin de quoy Nous avons fait sceller ces Presentes ; ce fut fait & donné par Messire Gabriel Nicolas de la Reynie, Conseiller d'Etat ordinaire, & Lieutenant General de Police de la Ville, Prevôté & Vicomté de Paris, tenant le Siege Vendredy 7. May 1683. Ainsi signé, HINDRE', avec paraphe. Et plus bas, scellé le treize Septembre 1689. Signé, LE ROUX, avec paraphe, & au dos est écrit, Signifié & baillé copie à la veuve Brigongne, par nous Jacques le Muet, Sergent au Chastelet de Paris, demeurant ruë l'Arbre-sec, de l'Assignation, parlant à sa personne, en son domicile, le 10. jour d'Avril 1684. Signé, TEVENET, avec paraphe, & plus bas contrôlé le dix-neuf Aoust mil six cent quatre vingt-trois. Signé, OURS, avec paraphe.

Sentence de Police contre Henry Salé, Maître Peintre.

A TOUS ceux qui ces presentes Lettres verront, CHARLES DENIS DE BULLION, Chevalier, Marquis de Gallardon, Seigneur de Bonnelles & autres lieux, Conseiller du Roy en ses Conseils, Prevôt de la Ville, Prevôté & Vicomté de Paris, salut. Sçavoir faisons que sur la Requeste faite en Jugement devant Nous en la Chambre de Police du Chastelet de Paris, par Maistre Claude Gervais l'aîné, Procureur des Jurez Eventaillistes de cette Ville de Paris, Demandeurs aux fins de leur Exploit de Saisie portant Assignation, fait par Busseau, Sergent à Verge en cette Cour, le vingt-sept May 1684.

contrôlé à Paris par Rousseau le trente dudit mois, & le Procez verbal du Commissaire Gourbis, qui a assisté ledit Busseau à ladite Saisie, ledit jour 27. May : Moyens du 12. Juin en suivant, & Requeste verbale du premier Aoust aussi ensuivant, tendante à ce que la Saisie soit déclarée valable, que les choses saisies & notamment les Eventails qu'Henry Salé, Maître Peintre, sur lequel elle est faite, a fait monter, & ceux trouvez chez luy tous montez, soient confisquez ; & que deffenses soient faites de plus à l'avenir recidiver, non seulement faire monter des Eventails, mais encore d'en vendre ni d'en garder chez luy aucuns démontez, & à André Lienard Maître Eventailliste, de plus prêter son nom, ni de favoriser ledit Salé son beaufrere, a vendre ny de faire monter aucuns Eventails sous le nom d'iceluy Lienard, & qu'à cette fin l'avis du Procureur du Roy, rendu le 26. Juillet audit an 1684. infirmé en tous ses chefs : Assisté de Maître Guillaume Guerin, leur Avocat, contre Eustache Tesbout, Procureur dudit Salé, Maître Peintre, & encore Procureur des Jurez Peintres de cette Ville de Paris, intervenans avec ledit Salé, suivant l'Acte du 29. May 1684. & Maître. Guelette, Procureur dudit Lienard, Défendeur à ladite Saisie ; & envers ledit Salé & Jurez Peintres de cette Ville de Paris, Demandeurs en renvoy dudit avis, en ce que par iceluy il n'a pû être fait deffenses ausdits Jurez Eventaillistes de venir en visite chez lesdits Peintres, suivant leur Requête verbale du dernier Juillet 1684. Parties oüies, lecture faite desdits Procez verbaux de Saisie, Interventions, Moyens, Requêtes verbales susdattées, susdit avis dudit jour 26. dud. mois de Juillet : Autres Moyens & Repliques des Parties ; ensemble d'une Sentence contradictoire renduë entre toutes les Parties, le 18. Août 1684. portant que leurs pieces seroient mises sur le Bureau, pour en être par Nous déliberé. Nous disons, après qu'il a été déliberé, que ladite Saisie est bonne & valable : Et neanmoins seront les choses saisies renduës ausdits Salé & Lienard, lequel Salé, pour la faute par luy commise, condamnons en huit livres d'amende, & en pareille somme de huit livres de dommages & interêts, & en tous les dépens : Et faisons deffenses audit Salé & à tous autres Maîtres Peintres, de plus à l'avenir recidiver, & de plus entreprendre sur ledit Metier d'Eventaillistes, sur telles peines qu'il appartiendra, sans s'arrêter à l'Intervention desdits Jurez Peintres, dont ils sont deboutez. Faisons pareillement deffenses audit Lienard, & tous autres Maîtres Eventaillistes, de prêter leur nom, directement ou indirectement, pour favoriser les entreprises desdits Peintres sur ledit Metier d'Eventaillistes, sur telles peines pareillement qu'il appartiendra : Ce qui sera executé nonobstant & sans préjudice de l'appel. En témoin de ce, Nous avons fait sceller ces Presentes, qui furent faites & données au Châtelet de Paris, par Messire Jean-Baptiste Proust du Martray, Conseiller du Roy en ses Conseils, & Lieutenant Particulier, tenant le Siege le Vendredy troisiéme Aoust mil six cent quatre-vingt-cinq. Collationné Tauxier, Greffier, & signé, HINDRÉ, avec paraphe.

EXTRAIT DES REGISTRES DU GREFFE de la Chambre de Monsieur le Procureur du Roy au Chastelet de Paris.

Du vingt-six Juillet 1684.

ENTRE les Jurez & Gardes de la Communauté des Maîtres Eventaillistes à Paris, Demandeurs aux fins de l'Exploit de Busseau, Sergent à Verge, du 18. du present mois, controllé à Paris le vingtiéme par Pousignon, à ce que la Saisie faite le Dimanche 17. dudit mois, sur la Deffenderesse cy après nommée, de plusieurs Eventails, soit déclarée valable, lesdites choses saisies confisquées, condamnée en l'amende & aux dépens, & deffenſes à la Requête judiciairement faite, à ce que la Saiſie fût déclarée nulle & injurieuſe, avec dommages, intérêts & dépens; attendu qu'elle a été faite un jour de Dimanche, comparans par Maître Thomas Gaudin, leur Procureur, d'une part, & la nommée Renaudine, Marchande publique, & perſonne ſans qualité, Défendereſſe & Demandereſſe, comparante par Maître Nicolas Creſme, ſon Procureur, d'autre part. Parties oüyes, lecture faite des Statuts & Reglemens de la Communauté des Eventailliſtes; enſemble de la Saiſie & Exploit ci-devant mentionnez, Nous diſons que les Statuts de ladite Communauté, Sentences & Reglemens de Police ſeront exécutez; & en conſequence, avons la Saiſie faite ſur la Partie de Creſme, declarée valable, les choſes ſaiſies confiſquées au profit des Jurez, avec défenſes à la Partie de Creſme, même à toutes autres perſonnes ſans qualité & autres, de colporter & vendre des Eventails le jour de Dimanches & Fêtes, & autres jours, & d'entreprendre ſur le Métier deſdits Jurez, à peine de confiſcation & d'amende. Condamnons ladite Partie de Creſme en l'amende de quarante ſols, & aux dépens liquidez à trois livres, non compris le Priſeur. Fait & donné par Meſſire Claude Rob[illegible], Conſeiller du Roy en ſes Conſeils, ſon Procureur audit Châtelet, tenant le Siége le jour & an ci-deſſus. Signé, LAUXES.

Sentence qui confirme l'Avis de Monſieur le Procureur du Roy, contre Renaudine.

A TOUS ceux qui ces préſentes Lettres verront, CHARLES DENYS DE BULLION, Chevalier, Marquis de Gallardon, Conſeiller du Roy en ſes Conſeils, Garde de la Prévôté de Paris, Salut. Sçavoir faiſons, que ſur la Requête faite en Jugement devant Nous en la Chambre de Police au Châtelet de Paris, par

Maître Gaudin, Procureur des Jurez & Gardes de la Communauté des Maîtres & Marchands Eventaillistes, Demandeurs aux fins de la Requête verbale du premier du present mois, signifiée par Vasin, Audiancier, afin de confirmation de l'Avis du Procureur du Roy, du 26. Juillet dernier, avec dépens: Contre Maître Cresme, Procureur de la nommée Renaudine, Défenderesse, Parties oüyes; Nous avons l'Avis du Procureur du Roy, confirmé avec dépens, exécuté sans préjudice de l'apel. En témoin de ce, Nous avons fait sceller ces Présentes, qui furent faites & données par Messire Gabriel-Nicolas de la Reynie, Conseiller du Roy ordinaire & Lieutenant General de Police, tenant le Siege le Mardy vingt-trois Août mil six cent quatre-vingt-quinze.

Signé, TARDIVEAU.

Fait du temps de Martin, Febvrier, de Martin Beffort, de Pierre Grignon, & de Philippe Aublan, Jurez en charge.

****

Sentence de Monsieur le Lieutenant General de Police, contre Pierre Coche & Paslin, Maîtres Peintres.

A TOUS ceux qui ces présentes Lettres verront, Charles Denis de Bullion, Chevalier, Marquis de Gallardon, Seigneur de Bonnelles, & autres lieux, Conseiller du Roy en ses Conseils, Prevost de Paris, Salut. Sçavoir faisons, que sur la Requête faite en la Chambre de Police, par Maître Pierre Capperon, Procureur de Pierre Boucher, François Lambert, Anne Pellerin, veuve de Pierre Duval, Maîtres Eventaillistes à Paris, Demandeurs aux fins de la Requête à nous présentée le dix-sept Juillet dernier. Exploit fait en conséquence par Busseau, Huissier en cette Cour, le vint-deux dudit mois de Juillet, contrôlé à Paris, tendant à ce que la Saisie faite sur le ci-après nommé, soit déclarée bonne & valable, lesdites choses saisies con-

fisquées, avec amende & dépens : Et encore Demandeurs suivant leur Exploit, fait par
controlé à Paris le
à ce que les Maîtres & Gardes de l'Art de Peinture, soient tenus d'intervenir en l'Instance, voir dire que la Sentence renduë avec les nommez Coche & Paslin, se disans Peintres, sera declaree commune : En conséquence défenses ausdits Coche, Paslin, & à tous Maîtres Peintres, d'entrepre sur le Métier des Eventaillistes, de faire aucune préparation, composition concernant les peaux & papiers des Eventaillistes, à peine d'amende, dépens, dommages & intérêts, assistez de Maître Guerin, leur Avocat ; contre Maître Roch Hubert, Procureur du nommé Paslin, Maître Peintre, sur lequel ladite Saisie a été faite, & encore ledit Hubert, Procureur desdits Maîtres & Gardes, Peintres, Deffendeurs à l'Exploit susdit, assistez de Maître Tillon, leur Avocat ; & encore par Maître Pierre Penicher, Procureur de la Communauté des Maîtres Eventaillistes à Paris, seuls Faiseurs & Compositeurs d'Eventails, intervenans, Demandeurs, suivant leur Requête verbale signifiée par le Doyen Voisin, Audiancier, les trente-un Juillet & deux Août dernier, afin d'être reçûs Parties intervenantes en l'Instance ; ce faisant, attendu que lesdits Peintres n'ont aucun droit ni qualité de préparer les papiers, peaux propres & convenables pour recevoir la Peinture, ni même les tailler, polir, & étendre sur des cercles ; défenses seront faites audit Paslin & autres Peintres, d'entreprendre sur le Métier d'Eventaillistes, ni de préparer en façon quelconque les peaux ; en conséquence la Saisie faite sur ledit Paslin, déclarée bonne & valable, ordonner que les choses saisies seront confisquées, avec amende, depens, dommages & intérêts, assistez de Maître Porchon, leur Avocat, contre Maître Capperon, Procureur desdits Boucher, Lamberois & autres, & Maître Hubert, Procureur dudit Paslin : Parties ouyes, lecture faite des Statuts, Arrests, Sentences de Nous rendus à l'encontre desdites deux Communautez,

nautez ; de la Saisie qui a été faite sur Pierre Coche, se disant Peintre ; de l'Acte de désistement fait par ledit Coche, en conséquence de la Réception à la Maîtrise d'Eventaillistes ; de notre Sentence du huit du présent mois, qui ordonne qu'il en sera communiqué aux Gens du Roy. NOUS, après avoir oüy les Gens du Roy en leurs Conclusions, ordonnons que les Statuts des Maîtres Eventaillistes seront exécutez, avons la Saisie déclarée bonne & valable, les choses saisies néanmoins renduës pour cette fois, la Partie de Pillon condamnée en dix livres de dommages & intérêts, trois livres d'amende & aux dépens : Disons que la Communauté des Eventaillistes sera maintenuë dans la possession de faire disposer, coller, monter & enjoliver les Eventails de toutes façons. Défenses aux Peintres, Parties d'Hubert, à peine de cinquante livres d'amende, & de tous dépens, dommages & interêts, de coller des papiers ni peaux & autres étoffes qui doivent servir à former des Eventails, mais ledit collage, ainsi que la monture appartiendra aux seuls Eventaillistes : Pourront néanmoins lesdits Peintres peindre toutes sortes d'Eventails, quand ils en seront requis par les Maîtres Eventaillistes, ou Marchands Merciers, sans que lesdits Peintres puissent les vendre, ni distribuer en public : dépens compensez entre les deux Communautez. En témoin de quoy Nous avons fait sceller ces Présentes, données par Messire Marc-René de Voyer de Paulmy d'Argenson, Chevalier, Conseiller du Roy en tous ses Conseils, Maître des Requêtes, Lieutenant General de Police, tenant le Siege le Vendredy cinquiéme Septembre mil six cent quatre-vingt-dix-huit. Collationné.

Signé, TARDIVEAU

Sentence contre Petit, Maître Peintre.

A TOUS ceux qui ces preſentes Lettres verront, Charles Denis de Bullion, Marquis de Gallardon, Conſeiller du Roy en ſes Conſeils, Garde de la Prevôté de Paris, ſalut. Sçavoir faiſons que ſur la Requête faite en Jugement devant Nous en la Chambre de Police du Châtelet de Paris, par Maître Pierre Penicher, Procureur des Jurez de la Communauté des Maîtres Eventailliſtes à Paris, Demandeurs ſuivant la Requête à nous preſentée le quinze May dernier, & de l'Exploit fait en conſéquence par Buſſeau le vingt-cinq Novembre enſuivant, controllé à Paris par Guyot le vingt-ſix, preſenté le deux du preſent mois, à ce que la Saiſie qui a été faite des trois Eventails montez, enſemble ceux qui ſe ſont trouvez non montez, & les Bois d'Eventails, ſur le Défendeur, ſoit declarée valable, les choſes ſaiſies confiſquées, & défenſes audit Petit & à la Communauté des Peintres, de vendre & débiter des Eventails, & avoir magazins chez eux d'Eventails, à peine de tous dépens, dommages & interêts, & Défendeurs à l'intervention de la Communauté des Peintres, portée par leurs Moyens ſignifiez par Babiere le quatre du préſent mois, & Demandeurs ſuivant leur Requête verbale ſignifiée le meſme jour, à ce qu'il leur fut permis de faire preuve des faits mis en avant, en cas que la Cour fit difficulté de leur adjuger leurs Concluſions, aſſiſtez de Maître Porchon, leur Avocat, contre Maître Roch Hubert, Procureur de Jacques Petit, Maître Peintre à Paris, Défendeur à l'Exploit de Saiſie ſuſdatté, aſſiſté de Maître Veronneau ſon Avocat; Et encore ledit Hubert, Procureur des Maîtres & Gardes de la Communauté des Peintres à Paris, intervenans ſuivant leurs Moyens ſuſdattez, tendant à ce que faiſant droit ſur leur intervention, la Saiſie faite ſur ledit Petit, ſoit declarée nulle, injurieuſe & déraiſonnable, main-levée d'icelle, avec dommages & interêts : Parties ouyes, lecture faite de la Requête, du Procès verbal du Commissaire, du vingt-cinq Novembre dernier, de l'Exploit de Saisie, Requête & Moyens ; ensemble le Statut du quatorze Janvier 1684. Arrêt du deux Août 1686. Autre Sentence du cinq Septembre dernier, & autres pièces, ne pourront, les qualitez respectives prises par les parties, leur nuire ni préjudicier. Nous avons les Parties d'Hubert recuës parties intervenantes, & faisant droit sur le tout, avons la Saisie faite sur la Partie de Veronneau, des trois Eventails en question, declarée bonne & valable : Ordonnons qu'ils demeureront confisquez au profit des Parties de Porchon ; Défenses aux Parties de Veronneau de vendre aucuns Eventails à d'autres qu'à des Marchands Merciers & Eventaillistes, & gens reconnus pour tels, A l'effet de quoy les Parties d'Hubert tiendront un Registre de nous, des Merciers & Eventaillistes, ausquels ils vendront leurs Eventails : & au surplus ordonnons que les Statuts & Réglemens des Eventaillistes seront exécutez, défenses d'y contrevenir : Et sur le surplus des autres demandes, avons mis les Parties hors de Cour, & en conséquence avons fait main-levée aux Parties de Veronneau du surplus des choses saisies, & les avons condamnez aux deux tiers des dépens liquidez à six livres, & l'autre tiers compensé : Ce qui sera executé sans préjudice de l'appel. En témoin de ce Nous avons fait sceller ces Présentes faites & données par Messire Marc-René de Voyer de Paulmy d'Argenson, Chevalier, Conseiller du Roy en ses Conseils, Maistre des Requestes ordinaire de son Hostel, Lieutenant Général de Police de la Ville & Vicomté de Paris, tenant le Siége le Vendredy douziéme Décembre mil six cent quatre-vingt-dix-huit. Collationné. Signé,

TARDIVEAU.

Arrest rendu au profit de la Communauté des Maistres & Marchands Eventaillistes, à l'encontre des Peintres & de Pierre Petit.

NOSTREDITE Cour faisant droit sur le tout, en tant que touchent les Appellations interjettées par les Jurez & Communauté des Maîtres Eventaillistes, des Sentences des dix-huit Février 1689. douze Décembre 1698. neuf Janvier, seize Avril 1699. & vingt-deux Janvier 1700. & par ledit Bailly, de la Sentence du vingt Novembre 1699. ayant aucunement égard aux Demandes des Jurez & Communauté des Peintres, des vingt-sept Février & quinze May 1700. a mis & met lesdites Appellations au néant : Ordonne que les Sentences & ce dont a été appellé, sortiront leur plein & entier effet, & en conséquence déboute lesdits Maîtres Eventaillistes de leur Demande portée par leur Requête du premier Mars 1700. Et en tant que touche l'Appel interjetté par les Maîtres, Jurez & Communauté des Peintres, de la Sentence du cinq Septembre 1698. ayant aucunement égard à la Demande desdits Peintres, du dix May 1700. a mis & met lesdites Appellations & Sentences au néant, en ce que par ladite Sentence il est fait défenses aux Peintres de coler des papiers ni peaux & autres étoffes qui doivent servir à faire des Eventails, & que le collage, ainsi que la matiére, appartiendra aux seuls Eventaillistes. Emendant, quant à ce, fait défenses aux Peintres, de coller des papiers ni peaux & autres étoffes, sur des bois, bâtons & autres choses, pour en faire des Eventails, la Sentence au résidu sortissant effet, déboute lesdits Peintres de leur Demande portée par leur Requête du dix May 1700. condamne lesdits Jurez & Communauté des Eventaillistes & Bailly & chacun en une amende de douze livres & au tiers des dépens, chacun à leur égard, ſes deux autres tiers compenſez. Ne pourront néanmoins les Procureurs répeter contre leurs Parties, & leſdits Peintres employer dans le tiers des dépens à eux adjugez, que la moitié des écritures faites en l'Inſtance. Renvoye les Demandes des Eventailliſtes, portées par leur Requête du 24. Juillet 1699. & celles des Peintres du 30. Mars 1700. à fin de reglement au Châtelet, pour y être fait droit; dépens à cet égard reſervez, & ſur le ſurplus des Demandes, fins & Concluſions des Parties, hors de Cour. SI mandons, &c. Donné en Parlement le 19 Août, l'an de grace 1700, & de notre Regne le cinquante-huitiéme. Collationné. Signé, DU TILLET.

Sentences & Arreſt rendus au profit de la Communauté des Maîtres & Marchands Eventailliſtes, contre celle des Papetiers-Colleurs.

A TOUS ceux, &c. Parties oüies, les Gens du Roy en leurs Concluſions, Nous avons les Parties de Frouard, reçuës Parties intervenantes; & ſans avoir égard à l'Intervention ni à la Demande des Papetiers-Colleurs, dont nous les avons déboutez, avons maintenu & gardé les Parties de Pillon, privativement aux Parties de Foreſtier, dans le droit de préparer les papiers pour la compoſition de l'Eventail ſeulement. A l'effet de quoy les Parties de Pillon ſe ſerviront de la pierre & maſſe, ſauf aux Parties de Foreſtier de préparer les papiers à tous uſages, conformément à leurs Statuts, pourvû qu'il ne ſoit pas coupé en forme d'Eventail: Faiſant droit ſur la ſaiſie faite ſur les Maîtres Papetiers-Colleurs, l'avons déclarée valable pour les peaux & papiers d'Eventails qui demeureront confiſquez au profit des Parties de Pillon; leur avons fait main-levée du ſurplus, tous dépens compenſez entre les Parties. Ce qui ſera executé ſans préjudice de l'appel. En témoin de quoy Nous avons fait ſceller ces Préſentes. Ce fut fait & donné par Meſſire Marc-René de Voyer d'Argenſon, Conſeiller d'Etat ordinaire, & Lieutenant General de Police, tenant le Siege, le Mardy onziéme jour d'Août mil ſept cent onze. Collationné. Signé, TARDIVEAU.

Sentence contre Catherine Rolland & Denis Beguin.

A TOUS ceux, &c. Parties ouies, Nous avons la Saiſie des papiers en forme d'Eventails, declarée valable: Ordonnons qu'ils ſeront confiſquez, avons fait main-levée à la Partie de Foreſtier du ſurplus, & la condamnons aux tiers des dépens, les deux autres tiers compenſez. Ce qui ſera exécuté ſans préjudice de l'Appel. Donné audit Châtelet le vingt-deuxiéme Decembre mil ſept cent onze. Collationné.

Signé, TARDIVEAU.

Arreſt confirmatif des deux Sentences du Chaſtelet, des 11. Aouſt & 22. Decembre 1711.

LOUIS, &c. Notredite Cour faiſant droit ſur le tout, ſans s'arrêter aux offres dudit Beguin, a mis & met les Appellations au néant: Ordonne que les Sentences dont a été appellé, ſortiront effet, condamne ledit Beguin & leſdits Maîtres & Marchands Papetiers, en l'amende ordinaire de douze livres, & aux dépens des Cauſes d'Appel & Demandes. En conſéquence ſur le ſurplus des Demandes, Fins & Concluſions deſdites Parties, les a mis hors de Cour. Si mandons, &c. Donné en Parlement le vingt-ſixiéme Février, l'an de grace mil ſept cent quatorze, & de notre Regne le ſoixante-onziéme. Collationné. Signé, LORNE.

Sentence du Châtelet de Paris, rendue le 4. Juillet 1719. contre M. Claude Doutrelleau.

A TOUS ceux qui ces presentes Lettres verront, CHARLES DENYS DE BULLION, Chevalier, Marquis de Gallardon, Seigneur de Bonnelles, & autres lieux, Conseiller du Roy en ses Conseils, Prevost de Paris, salut : sçavoir faisons, que sur la Requête faite en la Chambre de Police du Châtelet par Maître Michel Jubart, Procureur des Jurez & Gardes en charge de la Communauté des Maîtres & Marchands Eventaillistes à Paris, saisissans, Demandeurs aux fins du Procès Verbal fait par Maître Desacq, Commissaire, le vingt-huit Mars de la presente année, en vertu de notre Ordonnance, étant au bas de la Requête à nous presentée le quatorze Octobre mil sept cent dix-huit, & de l'exploit de saisie faite en conséquence le même jour par Dyvoire & Roussel, Huissiers, Sergents à verge, contrôlé à Paris le même jour par Duclos, & presenté au Greffe, tendant à ce que la saisie faite par les Demandeurs sur le Deffendeur cy-après nommé, de trois Eventails peints entiérement sur les bois de chacun des deux côtez d'iceux, dont deux sont entierement parfaits, & le troisiéme dont les maîtres-brins ne sont point montez, soit declarée valable, lesdits Eventails saisis, confisquez à leur profit, condamné en dix livres d'amende portée par les Statuts, & en tous dommages & interêts; défenses de recidiver & d'entreprendre sur leur-dite Profession, avec dépens, assistez de Maître Lepoupé leur Avocat, contre Maître de Valcharmont, Procureur de Claude Doutrelleau, Maître Peignier, Tabletier à Paris, & ancien Juré de sa Communauté, partie saisie, Deffendeur, assisté de Maître Pothouin son Avocat, Parties oüies, lecture faite des Pieces, ensemble des Statuts, Arrêts, Reglemens & Sentences de la Communauté, tant des Demandeurs que des Deffendeurs, sans que les parties puissent nuire, ni préjudicier. Nous ordonnons que les Arrêts & Reglemens seront executez selon leur forme & teneur ; & en conséquence Avons ladite saisie declarée valable, les Eventails assemblez saisis & confisquez ; Faisons défenses aux Tabletiers d'assembler, peindre, ni faire peindre des Eventails ; & néanmoins sans tirer à conséquence, disons que les Eventails peints & non assemblez seront rendus purement & simplement, la partie de Pothouin condamnée aux dépens, & en trois livres d'amende : ce qui sera executé sans préjudice de l'appel ; En témoin de ce nous avons fait sceller ces Présentes qui furent données par Messire Louis Charles de Machaut, Chevalier, Conseiller du Roy en ses Conseils, Lieutenant Général de Police, tenant le Siége, le Mardy 4. Juillet 1719. Collationné TARDIVEAU, & scellé le 14. Juillet 1719. DECHAMBAULT.

Sentence rendue contre François Frenot, le 19. Novembre 1723.

A Tous ceux qui ces presentes Lettres verront, Gabriel Jerôme de Bullion, Chevalier, Comte d'Esclimont, Mestre de Camp, Conseiller du Roy en ses Conseils, Prevôt de Paris, salut : sçavoir faisons, que sur la Requête faite en jugement devant Nous à l'audience de la Chambre de Police du Châtelet de Paris, par Maître Michel Jubart, l'aîné, Procureur d'Antoine Godet, Jacques Rolland Falampin, & Henry Verry, Marchands Eventaillistes à Paris, & Jurez en charge de leur Communauté, saisissans en vertu de l'Ordonnance de Monsieur le Lieutenant Général de Police du vingt-huit Septembre dernier, par Procès Verbal de Maître Laurent, Commissaire, du vingt-deux Octobre dernier, & Exploit de Blanchand, Huissier en cette Cour, du même jour vingt-deux Octobre

Octobre dernier, sur les ci-après nommez ; plus soixante douzaines de bois d'Eventails, tant d'yvoire qu'autres, peints de différents desseins, d'une part, & vingt-deux Eventails brisez, & tous montez de leur ruban, comme étant en contravention ; attendu que la fabrique des montures d'Eventails, & les peintures d'iceux, n'appartiennent qu'aux Marchands Eventaillistes, Demandeurs aux fins de l'Exploit de Blanchand, Huissier à verge en cette Cour, dudit jour vingt-deux Octobre dernier, controllé à Paris le même jourpar Pillon, & presenté, tendant aux fins de validité de saisie, & autres fins y contenuës, & Défendeurs à la Requête verbale du vingt-trois Octobre, tendant aux fins de main-levée de ladite saisie & restitution & autres fins y contenuës, assistez de Maître Sandriez son Avocat, contre Maître Le Roux, Procureur du sieur François Frenot, Maître Peignier-Tabletier, partie saisie, Défendeur & Demandeur aux fins de ladite Requête susdatée, assisté de Maître Duret son Avocat, parties oüies, lecture faite de piéces, & sans que les qualitez puissent nuire ni préjudicier : Nous faisant droit sur les contestations des parties, avons la saisie faite déclarée valable, faisons défenses aux Tabletiers d'avoir aucuns bois d'Eventails peints chez eux ; ensemble, d'avoir des Eventails assemblez, & montez ; faisons pareillement défenses aux Tabletiers d'avoir chez eux aucuns papiers peints, propres à monter ; en conséquence ordonnons que les choses saisies seront portées à la Communauté, pour y être venduës, & néanmoins les deniers en provenant rendus à la partie de Duret, que nous condamnons envers les parties de Sandriez en trente livres de dommages & interêts, & aux dépens, & seront les papiers saisis sur la veuve Dhotel, en conséquence de sa reclamation, ce qui sera executé sans préjudice de l'appel. En témoin de ce nous avons fait sceller ces Presentes qui furent faites & données par Messire Pierre René de Voyer Comte Dargenson, Conseiller du Roy en ses Conseils, Maître des Requêtes ordinaire de son Hôtel, & Lieutenant Général de Police de la Ville de

Paris, tenant le Siége au Châtelet, le Vendredy dix-neuf Novembre mil sept cent vingt-trois.

TARDIVEAU.

Scellé le 8. *Janvier* 1724. DOYARD.

****

Rapport de Messieurs les Gardes de la Mercerie, en datte du 15. *Mars* 1724. *à Monsieur le Lieutenant Général de Police.*

VEU par Nous Claude Gourel Duclos, Grand Garde du Corps de la Mercerie, & Pierre Saultreau, ancien Echevin de la Ville de Paris, & premier Garde du Corps de la Mercerie; la Sentence renduë le quatorze Janvier mil sept cent vingt-quatre par M. d'Argenson, lors Lieutenant Général de Police, entre les Jurez de la Communauté des Maîtres Tabletiers à Paris, saisissants sur Henry Verry, Maître Eventailliste, partie saisie, Défendeur; par laquelle Sentence il a été ordonné que ladite saisie faite sur ledit Verry, seroit jointe à la Cause qui est à juger, entre la Communauté des Maîtres Tabletiers & celle des Eventaillistes, pour en jugeant y être fait droit; & sur la demande à ce que les Marchandises saisies soient venduës, il a été ordonné par ladite Sentence, qu'elles seront veuës & visitées préalablement pour connoître si elles sont perfectionnées du métier de Tabletier, & que la visite en seroit faite par Nous premiers Maîtres & Gardes de la Mercerie, lesquels ont été nommez d'Office par ladite Sentence, après que les parties s'en sont rapportées à M. D'argenson. Veu aussi deux sommations à Nous faites, deux autres faites audit Henry Verry à la requête des Jurez en charge de la Communauté des Maîtres Peigniers Tabletiers, le premier jour du present mois, par Jacques Aublet, Huissier à cheval au Châtelet de Paris, à comparoir le trois du même mois, & les autres faites par le même Huissier, le six dudit mois, à comparoir le lendemain sept dudit mois, heure de midy, en la Chambre de Police & pardevant Vous, Monsieur, pour prêter par Nous serment de bien & fidellement & en notre ame & conscience, procéder à la visite des Marchandises de Tableterie saisies sur ledit Verry, qui a été sommé d'y être présent, pour ensuite faire par nous la visite d'icelle; & après avoir prêté ledit serment au Greffe de M. Sifflet, Greffier de ladite Chambre de Police ledit jour sept Mars présent mois, & avoir examiné les Statuts des deux Communautez, & avoir veu & examiné les piéces & mémoires fournis par lesdites Parties, & les avoir entendu, nous nous sommes transportez au desir de ladite Sentence & des sommations susdatées ledit jour sept Mars présent mois, au Bureau desdits Maîtres Tabletiers, scis ruë du Crucifix S. Jacques de la Boucherie, à l'effet de faire la visite desdites Marchandises saisies, auquel Bureau nous avons trouvé les Jurez de la Communauté des Maîtres Tabletiers assemblez, que nous avons requis de nous représenter & exhiber lesdites Marchandises saisies, à l'effet de ladite, par nous vuës & visitées en exécution de ladite Sentence, & pour y satisfaire, lesdits Jurez nous ont représenté plusieurs paquets de batons d'Eventails de bois assemblez & arrêtez avec des chevilles de bois, saisis sur ledit Henry Verry, Maître Eventailliste, à la requête desdits Jurez Tabletiers, par Exploit du dix-neuf Juin mil sept cent vingt-trois; & après que lesdits bois d'Eventails ont été par nous vus & visitez, nous sommes d'avis Monsieur, que lesdits batons d'Eventails sont entiérement perfectionnez du métier de Maître Tabletier, & comme tels sont en état d'être employez par lesdits Maîtres Eventaillistes, pour les peindre, dorer & enjoliver, & y monter leurs Eventails jusqu'à perfection de leur métier.

A l'égard des différens qu'il y a entre la Communauté des Maîtres Tabletiers & celle des Eventaillistes, au sujet de l'assemblage des batons d'Eventails, chevillez seulement avec des chevilles de bois, qui sortent des mains des Maîtres Tabletiers en celles des Maîtres Eventaillistes, pour y faire ce qui est de leur métier & profession ; Nous sommes d'avis, Monsieur, que lesdits batons ainsi assemblez avec chevilles de bois, sont perfectionnez du métier de Maître Tabletier, & étant une fois vendus & livrez aux Maîtres Eventaillistes, il leur est libre d'ôter la cheville de bois & y mettre en place une cheville de fer ou de cuivre, avec nacre de perles ou autres enjolivemens ; lesdits Tabletiers n'ayant aucune qualité pour empêcher les Eventaillistes de faire & parachever leurs ouvrages, & par conséquent ne doivent plus être remis ès mains desdits Maîtres Tabletiers, sous prétexte d'y mettre en place une cheville de fer ou de cuivre ; mais qu'il est du métier des Maîtres Eventaillistes d'ôter la cheville de bois pour y mettre en place une cheville de fer, de cuivre ou autre, avec paillete de nacre de perles, ou d'une autre matiére, pour assembler & arrêter lesdits batons d'Eventails, attendu qu'il est d'usage que l'Ouvrier qui donne la derniere façon à un ouvrage, l'enjolive, l'arrête & le finisse pour ensuite le vendre. Cet ouvrage est ainsi observé en assemblable par les Maîtres Coutelliers, qui après avoir retiré des mains des Maîtres Tabletiers des manches de couteaux & des chasses de rasoir & de lancettes, pour y joindre des lames, arrêtant eux-mêmes les lames avec des chevilles de fer qu'ils garnissent de pailletes de toute matiére, & ensuite les vendre dans leur boutique : Sauf à vous, Monsieur, pour ce que dessus & pour le surplus, d'en ordonner comme il vous plaira suivant votre justice, à la quelle nous soumettons notre present avis, que nous avons redigé par écrit, après avoir le tout veu & examiné en nos consciences. Fait à Paris le 15. Mars 1724. Signé Gourel, Duclos & Saultreau, avec paraphe.

Delivré par moy Greffier de la Chambre Civile & de Police du Châtelet de Paris, le 31. Mars 1724.

Signé, SIFFLET.

OLIVIER.

Sentences d'homologation, concernant le droit que doivent payer les Apprentifs Eventailliſtes & & le droit des Jurez, en datte du 7. Avril 1724.

A TOUS ceux qui ces préſentes Lettres verront, Gabriel Hiéroſme de Bullion, Chevalier, Comte d'Eſclimont, Prevoſt de Paris, Salut. Sçavoir faiſons, que vû par Nous Nicolas Jean-Baptiſte Ravot, Chevalier, Seigneur d'Ombreval, Conſeiller du Roy en ſes Conſeils, Maître des Requêtes ordinaire en ſon Hôtel, Conſeiller d'Honneur en ſa Cour des Aydes, Lieutenant General de Police de la Ville, Prevôté & Vicomté de Paris, la Requête à Nous préſentée par les Jurez en charge de la Communauté des Maîtres Eventailliſtes à Paris, tendant à ce qu'il nous plût homologuer la délibération y attachée, faite ſous notre bon plaiſir, en l'aſſemblée generale de ladite Communauté, tenue en ſon Bureau, le 6. Mars dernier; en conſéquence ordonner que ladite délibération ſera exécutée ſelon ſa forme & teneur; ce faiſant, qu'il ne ſera fait aucun apprentif de la Communauté, qu'il n'ait payé ès mains des Jurez la ſomme de quarante livres, pour être diſtribuées, ſçavoir, vingt-quatre livres pour les droits de Communauté, dont les Jurez ſe chargeront en recette dans les comptes qu'ils rendront, dix livres pour les quatre Jurez, à raiſon de cinquante ſols chacun, quarante ſols au Doyen, pareil quarante ſols au Clerc de la Communauté, & quarante ſols pour le droit de l'Hôpital & du ſieur Detrean, à raiſon de vingt ſols chacun, & que notre preſente Sentence ſera imprimée & tranſcrite dans les Regiſtres de la Communauté, ladite Requête Signée Olivier. Notre Ordonnance étant enſuite du quatorze Mars dernier, partant ſoit communiqué au Procureur du Roy, concluſions diffinitives du Procureur du Roy du preſent mois. Vû auſſi la Déliberation de ladite

Communauté des Maîtres & Marchands Eventaillistes, Extrait du Registre desdites Deliberations le six Mars dernier, par Gaschier & Larsonnier, Notaires à Paris : Tout vû & consideré, Nous, du consentement du Procureur du Roy, disons, que ladite Deliberation est, & l'avons homologuée, pour être exécutée selon sa forme & teneur; en conséquence, qu'il ne sera fait à l'avenir aucun apprentif de ladite Communauté, qu'il n'ait payé ès mains des Jurez la somme de quarante livres, pour être distribuées, sçavoir, vingt-quatre livres pour les droits de Communauté, dont les Jurez se chargeront en recette dans les comptes qu'ils rendront, dix livres pour les quatre Jurez, à raison de cinquante sols chacun, quarante sols au Doyen, pareil quarante sols au Clerc de la Communauté, & quarante sols pour le droit de l'Hôpital & du sieur Detrean, à raison de vingt sols chacun, que notre presente Sentence sera imprimée & transcrite dans les Registres de ladite Communauté; ce qui sera exécuté nonobstant, & sans préjudice de l'appel; En témoin de quoi nous avons fait sceller ces Présentes, qui furent faites en ladite année par nous Juge susdit, le sept Avril mil sept cent vingt-quatre. CUYRET.

Scellé le 11. *Avril* 1724. DOYARD.

Sentence qui entherine le Rapport des Gardes de la Mercerie, du 11. *Juillet* 1724.

A TOUS ceux qui ces présentes Lettres verront, Gabriel Jerôme de Bullion, Chevalier Comte d'Esclimont, Mestre de Camp du Regiment de Provence, Infanterie, Prevost de la Ville, Prevosté & Vicomté de Paris, Salut : sçavoir faisons, que sur la Requête faite en jugement devant Nous, à l'Audience de la Chambre de Police du Châtelet de Paris, par Maître Olivier le jeune, Procureur des Jurez de la Communauté des Maîtres Eventaillistes à Paris, & Compositeurs d'Eventails de la Ville & Fauxbourgs de Paris, sa sissans sur le nommé Laurent, Maître Peignier - Tabletier à Paris, & Demandeur aux fins du Procès Verbal de Maître Aubert, Commissaire, du trente Septembre mil sept cent vingt-deux, de l'Exploit de saisie du même jour, fait par Blanchand, Huissier à verge, controllé & présenté, Deffendeur à la demande incidente du premier Decembre audit an, & encore ledit Maître Olivier le jeune, Procureur du sieur Henry Verry, Maître & Marchand Eventailliste, Défendeur à la Saisie sur lui faite le dix-neuf Juin mil sept cent vingt-trois, à la requête des Jurez Peigniers-Tabletiers, Demandeurs aux fins de ces deux plaintes des dix-neuf & vingt-trois dudit mois, Défendeurs à la Requête verbale du huit Juillet audit an, Demandeurs incidemment suivant ces Défenses du vingt-deux dudit mois, Demandeurs en execution de notredite Sentence contradictoire du quatorze Janvier dernier, aux fins de la Requête verbale du premier Avril aussi dernier, en enthérinement du Rapport des sieurs Duclos & Saultreau, Grands-Gardes du Corps de la Mercerie du sept Mars dernier, fait en exécution de la susdite Sentence de Septembre à la demande incidente du quatre dudit mois d'Avril; & en exécution de notre Sentence contradictoire du vingt-huit dudit mois d'Avril, portant main-levée provisoire des Eventails & autres choses sur lui saisies, Défendeurs à la Demande incidente en nullité dudit Rapport porté par les Moyens du quatre Avril dernier; & encore lesdits Jurez Eventaillistes, Demandeurs aux fins de la Requête & Ordonnance du vingt-huit Septembre mil sept cent vingt-trois du Procès Verbal fait par Maître de Facq, Commissaire, du dix-huit Octobre mil sept cent vingt-trois de la Saisie faite le même jour sur Guillaume Boquet, Maître Peignier-Tabletier de bois d'Eventails, rivez & non rivez, & autres choses énoncées en ladite Saisie faite par ledit Blanchand, controllé & présenté, Défendeur à la Demande incidente du vingt-neuf Decembre dernier; & encore les Jurez saisisſans ſur ledit Laurent par Exploit du vingt-deux dudit mois d'Octobre dernier, fait par ledit Blanchand, controllé & préſenté, & aux fins du Procès Verbal de Maître Sautel, Commiſſaire du même jour, Défendeur à la demande incidente du deux Decembre dernier; & encore leſdits Jurez Eventailliſtes ſaiſiſſans ſur François Delaiſtre, Maître Peignier-Tabletier, par Exploit dudit Blanchand du vingt dudit mois de Novembre, controllé & préſenté aux fins des Procès Verbaux faits par Demongrif, Commiſſaire, les vingt & vingt-un dudit mois, Défendeurs à la Demande incidente du ſix Decembre dernier, & à un autre du treize du même mois, & encore leſdits Jurez Eventailliſtes, Défendeurs à la requête verbale du vingt-trois dudit mois de Novembre, & quatre May dernier, des Jurez de ladite Communauté des Maîtres Tabletiers-Peigniers, & incidemment Demandeurs ſuivant leurs défenſes du deux Decembre auſſi dernier, & encore leſdits Jurez Eventailliſtes, Défendeurs à la requête verbale & demande de Philbert Bignon, Marchand à Paris, du 24. dudit mois de Novembre dernier, Demandeurs incidemment ſuivant leurs défenſes du vingt-neuf du même mois; & encore ledit Maître Olivier, Procureur du ſieur Marin Delaiſtre, auſſi Maître Eventailliſte à Paris, Défendeur à la ſaiſie ſur lui faite par leſdits Peigniers-Tabletiers à Paris, par Exploit de Lorier, Huiſſier à cheval, le vingt-quatre dudit mois de Novembre, Demandeur incidemment ſuivant ſes défenſes du quatre May dernier; & encore ledit Maître Olivier le jeune, Procureur des Jurez Eventailliſtes, Défendeurs à la requête verbale du deux Decembre dernier de Denis Gerard Pinchard, Maître Eventailliſte, en intervention & reclamation, Demandeurs aux fins de leurs défenſes du dix du même mois; & encore Défendeurs à la requête verbale & demande du neuf dudit mois de Decembre, de Marie Genard, veuve de François Berthault, Marchand à Paris, & Demandeurs ſuivant leurs défenſes du quinze du même mois; & encore Défendeurs à une autre Requête du dix du même mois

mois de Decembre, de Louis le Tellier, Marchand Mercier, Demandeurs aux fins de leurs défenses, du seize du même mois; & encore lesdits Jurez Eventaillistes saisissans sur François Macré, aussi Maître Tabletier, par Exploit dudit Blanchand, Huissier du même jour, aussi controllé & présenté, & aux fins d'un autre Procès Verbal de Maître Defacq, du même jour dix-sept Mars, Defendeurs à la demande incidente du trente dudit mois, Défendeurs à une autre Requête verbale & demande du vingt-quatre Avril dernier; de Guillaume Boquet, François Delaistre & Jean Laurent, Maîtres Peigniers-Tabletiers, à une autre Requête verbale du 4. May dernier, des Jurez de la Communauté desdits Maîtres Tabletiers; & encore les Jurez Eventaillistes Demandeurs aux fins de leur Requête verbale & demande du quinze dudit mois de May dernier, & Défendeurs à une Requête verbale & demande du même jour 15. May dernier, des Jurez de la Communauté des Maîtres Peintres & Sculpteurs à Paris, Demandeurs incidemment suivant leurs défenses du dix-huit dudit mois dernier, & en exécution de notre Sentence du trente du même mois, ledit Maître Olivier le jeune, Procureur des Jurez Eventaillistes, & des sieurs Verry & Delaistre, aussi Maîtres Eventaillistes, assisté de Maître Sandriez, Avocat, contre Maître Olivier l'aîné, Procureur dudit Laurent, Maître Peignier-Tabletier, de Guillaume Boquet, François Macré, Thomas le Clerc, & François Delaistre, aussi Maîtres-Peigniers-Tabletiers; & encore ledit Maître Olivier l'aîné, Procureur des Jurez Peigniers-Tabletiers, Défendeurs à toutes les susdites saisies & demandes, & Demandeurs aux fins de leurs susdites saisies, Requêtes & défenses susdatées, assisté de Maître Duret, leur Avocat, Maître Du Four, Procureur du sieur Bignon, Demandeur & Défendeur, Maître Pouget l'aîné, Procureur du sieur Pinchard, Demandeur & Défendeur, Maître Baudry, Procureur de la veuve Berthault & dudit le Tellier, Demandeurs & Défendeurs, lesdits Maîtres Du Four, Pouget l'aîné, & Baudry, assistez de Maître Pillon, leur Avocat,

& Maître Hubert, Procureur des Jurez Peintres & Sculpteurs, Défendeurs & Demandeurs, assisté de Maître Colombeau, Avocat, Parties ouyes entre lesdits Olivier le jeune, assisté dudit Maître Sandriez, Olivier l'aîné, de Maître Duret, lesdits Du Four, Pouget l'aîné & Baudry, assistez de Maître Pillon & ledit Hubert, assisté dudit Maître Colombeau, Avocat, lecture faite des Statuts & Reglemens desdites deux Communautez, Sentence & Arrest rendus en faveur des Maîtres Eventaillistes, de ceux aussi rendus en faveur des Maîtres Peigniers-Tabletiers, du rapport dudit sieur Duclos & Saultreau, Grands-Gardes de la Mercerie, desdites Saisies faites respectivement par les Parties desdites Demandes & Défenses & autres Pieces: Ouy ensemble Noble homme Messire Chauvelin, Avocat du Roy en ses Conclusions.

Nous, sans que les qualitez puissent nuire ni préjudicier, ayant égard aux Conclusions des Gens du Roy, recevons les Peintres Parties intervenantes; & en conséquence ordonnons que les Statuts, Arrests & Reglemens de la Communauté des Maitres Eventaillistes seront exécutez; leur permettons d'assembler les bois des Eventails; ensemble, de les peindre & enjoliver, même de les river, & d'employer la nacre de perles, initiée à la Peinture, tant sur la feuille que sur le bois; faisons défenses aux Tabletiers de peindre aucuns bois d'Eventails, de les enjoliver, même d'avoir aucuns bois & brins d'Eventails peints chez eux; avons les Saisies faites à la requête des Tabletiers sur les Eventaillistes déclaré nulles, & desquelles faisons main-levée, & declaré celles faites à la requête des Eventaillistes sur lesdits Tabletiers bonnes & valables, & les choses saisies venduës; & sur le prix en provenant pris au profit desdits Eventaillistes trente livres sur chacune saisie; & faisant droit sur l'intervention des Peintres, les avons maintenus à peindre, concurément avec les Eventaillistes, lorsqu'ils en seront requis; & sur le surplus des demandes avons mis les Parties hors de Cour, sans avoir égard aux reclamations faites par les Parties de Pillon, dont nous les avons débouté, avec dépens, & avons condamné les Tabletiers & les Peintres aux dépens: ce qui sera exécuté sans préjudice de l'appel. En témoin de ce donné par Monsieur Ravot d'Ombreval, Lieutenant General de Police au Châtelet de Paris, y tenant le Siege, le Mardy onze Juillet mil sept cent vingt-quatre. Collationné, signé, scellé, & signifié audit Maître Olivier l'aîné, Du Four, Baude le jeune, Pouget l'aîné, Hubert, Procureurs adverses, le trente-un Juillet mil sept cent vingt-quatre. Par Grenet, Huissier Audiancier.

Signé, OLIVIER.

Sentence d'homologation, qui regle la forme des assemblées des Eventaillistes.

A TOUS ceux qui ces présentes Lettres verront, Gabriel Hierosme de Bullion, Chevalier, Comte d'Esclimont, Prevost de Paris, salut. Sçavoir faisons, que vû par nous, Nicolas Jean-Baptiste Ravot, Chevalier, Seigneur d'Ombreval, Conseiller du Roy en ses Conseils, Maître des Requêtes ordinaire de son Hôtel, Conseiller d'Honneur en la Cour des Aydes, & Lieutenant General de Police de la Ville, Prévôté & Vicomté de Paris; la Requête à nous présentée par les Jurez de la Communauté des Maîtres & Marchands Eventaillistes à Paris, tendante à ce qu'il nous plût, vû la Déliberation du vingt-trois Août dernier, faite au Bureau de ladite Communauté, contenant que la plûpart des Experts convoquez qui étoient dans le Bureau, se sont retirez sans aucune decision, & sans vouloir déliberer ladite Déliberation de ceux qui étoient présents, contenant consentement que ce qui sera déliberé par les Maîtres qui se trouveront assemblez aura forme de Déliberation generale, pourvû que le Mandat ait été fait réguliérement, en la maniere ordinaire ; en conſéquence ordonner que ladite Délibération ſera & demeurera homologuée, pour être exécutée ſelon ſa forme & teneur ; ce faiſant, que les Maîtres qui ſeront mandez lors des aſſemblées generales, de s'y trouver & de délibérer, donner leur avis, & de ſigner ce qui ſera arrêté dans leſdites aſſemblées, à peine de telle amende qu'il nous plairoit, ſinon & à faute de ce, que ce qui ſera arrêté & déliberé par les Maîtres qui ſe trouveront aux aſſemblées, aura force de Délibération generale, pourvû que le Mandat ait été fait regulierement en la maniere ordinaire, & que notre Sentence qui interviendroit, feroit tranſcrite ſur le Regiſtre de ladite Communauté, ladite Requête, ſignée Olivier le jeune, notre Ordonnance étant enſuite du deux du préſent mois, portant ſoit communiqué au Procureur du Roy, Concuſions du Procureur du Roy, portant qu'il n'empêche ladite Délibération être homologuée, pour être exécutée ſelon ſa forme & teneur & ordonné que ladite Sentence qui interviendroit ſur leſdites Concluſions, ſera regiſtrée ſur le Regiſtre de ladite Communauté. Vû auſſi la copie collationnée par Prevoſt & Foucault, Notaires au Châtelet de Paris de ladite Délibération : Tout vû & conſideré. Nous, ayant égard aux Concluſions du Procureur du Roy, diſons que ladite Délibération ſuſdattée, eſt & demeurera homologuée, pour être exécutée ſelon ſa forme & teneur ; & ſuivant icelle, que les Maîtres qui ſeront mandez lors des aſſemblées generales, ſeront tenus de s'y trouver, de délibérer, donner leur avis, & de ſigner ce qui ſera arrêté dans leſdites aſſemblées, ſinon, & à faute de ce, ordonnons que ce qui ſera arrêté & déliberé par les Maîtres qui ſe trouveront aſſemblez, aura force de Délibération, le Mandat préalablement fait en la maniere ordinaire, & que notre préſente Sentence ſera enregiſtrée ſur le Regiſtre de ladite Communauté, ce qui ſera exécuté nonobſtant & ſans préjudice de l'appel: en témoin de quoi nous avons fait ſceller ces Préſentes, qui furent faites & jugées par nous Juge susdit, le seize Novembre mil sept cent vingt-quatre.

TARDIVEAU.

Scellé le 13. Septembre 1725. DOYARD.

Extrait des Registres du Conseil d'Etat.

VEU au Conseil d'Etat du Roy la Requête présentée par les Maîtres Tabletiers de Paris, au nombre de soixante, qui font des bois d'Eventails, contenant que les Tabletiers forment une des plus anciennes Communautez, & que leurs premiers Statuts leur donnent le droit de faire tout ce qui concerne la Tableterie, les assemblages, la taille, la teinture, la marqueterie, & toutes les matieres ausquelles il leur est permis de donner la forme; que par une Déclaration du 28. Mars 1705. la qualité des Peigniers, Tabletiers, Tourneurs & Marqueteurs, Piqueurs, Enjoliveurs de leurs ouvrages, leur est conservée, ainsi que dans l'Arrest d'enregistrement du 25. May de la même année 1705. qu'avant les Statuts de 1678. obtenus par les Eventaillistes, les Tabletiers vendoient, non-seulement le bois d'Eventail, mais encore la feuille, qui étoit fabriquée par des Ouvriers particuliers que ces derniers employoient; que par l'Article second de ces Statuts il est permis aux Eventaillistes de peindre & imprimer les Eventails avec le pinceau; mais que l'Article quatre leur défend de faire aucuns bâtons d'Eventail, & leur enjoint de les acheter des Peigniers-Tabletiers; que ces dispositions marquent clairement que l'Eventail est composé de deux parties, de la feuille & du bois, & que si l'une regarde l'Eventailliste, l'autre appartient de droit aux Tabletiers; qu'en réduisant ceux-ci à la ſeule confection du bois brute, on leur ôte le moyen de ſubſiſter, & l'on rend l'Eventailliſte abſolument maître du bois de l'Eventail, & le Tabletier ſeulement Ouvrier de l'Eventailliſte; que la Sentence de Police du 11. Juillet 1724, en autoriſant les Eventailliſtes à faire le Commerce des Tabletiers, opére la ruine de ces derniers, dont le droit eſt fondé ſur la poſſeſſion, & appuyé de leurs Statuts, de la Déclaration de 1705, & de plusieurs Reglemens de Police; qu'indépendamment de ces autoritez on pourroit, pour prevenir tous Procès, démembrer les ſoixante Tabletiers unis de la Communauté des Tabletiers, pour les incorporer avec celle des Eventailliſtes; que cette incorporation eſt d'autant plus neceſſaire, qu'elle réünira en une ſeule Communauté les deux parties de l'Eventail; que celle des Tabletiers n'en ſouffrira point, puiſque les ſoixante Tabletiers unis ſont les ſeuls qui ſe mêlent uniquement du bois de l'Eventail, & qu'ils renonceront à tous autres ouvrages de Tableterie; que les Eventailliſtes trouveront de l'avantage dans cette union, qui les mettra en état de faire le bois de l'Eventail indiſtinctement, ſans être obligez de recourir à perſonne; que l'Article premier des Statuts des Eventailliſtes ne dit point qu'ils auront la liberté de peindre, ou de faire peindre le bâton d'Eventail, & que l'Article quatre ne limite point le droit des Tabletiers à fabriquer, tourner & marqueter le bâton d'Eventail; que par l'Article des mêmes Statuts le droit des Eventailliſtes eſt renfermé dans la feuille de l'Eventail, qu'ils peuvent peindre & imprimer de differentes figures, ſur des étoffes différentes, & que par la même raiſon la faculté de donner au bâton de l'Eventail tels enjolivemens que la mode inſpirera, doit être laiſſée aux Tabletiers; qu'il eſt bien vrai que les Status de la Communauté des Tabletiers ne parlent point de la peinture de leurs ouvrages, mais qu'ils ne renferment aucunes défenſes de le faire, & que ſi ce droit n'y eſt point ſpecifié, c'eſt que les ouvrages de Tableterie sont en grand nombre ; que le même droit n'étant point acquis aux Eventaillistes, il appartient aux Tabletiers, comme les autres choses dépendantes de leur Commerce ; enfin, qu'il est de l'Art des Tabletiers d'appliquer la nacre, l'écaille, ou autre matiere qui fait corps avec le bâton sur les rivures, ce qui fait la plus grande perfection de l'Eventail ; d'où les soixante Tabletiers unis concluent, à ce qu'il plaise à Sa Majesté, ordonner qu'ils seront maintenus dans le droit de fabriquer & de faire fabriquer les bois sur lesquels se montent les Eventails, avec défenses aux Eventaillistes, conformément à l'Article quatre de leurs Statuts, d'en acheter ailleurs, ni d'autres que des Peigniers & Tabletiers qui demeureront dans la possession de faire peindre, & enjoliver, même de river les bois d'Eventails, ensorte qu'ils soient entiérement perfectionnez, sans que l'Eventailliste puisse faire autre chose que le tableau ou la feuille de l'Eventail, conformément à ces Statuts ; qu'il sera seul en droit de monter sur les bois préparez par les Supplians, & où Sa Majesté trouveroit des difficultez à les maintenir dans leurs privileges ; qu'il lui plaise ordonner qu'aux Tabletiers, au nombre de soixante, seront désunis d'avec les autres Tabletiers-Peigniers, pour être incorporez avec les Eventaillistes, en renonçant par eux à faire aucuns ouvrages de Tableterie, & sans qu'en ce cas les autres Tabletiers puissent travailler à ce qui concerne les bois à monter les Eventails, ni se prévaloir de l'Article quatre des Statuts des Eventaillistes, qui demeurera sans effet à l'égard des Tabletiers. La Requête des Jurez Tabletiers en charge intervenans dans l'Instance, contenant que l'affinité est si grande entre la feuille de l'Eventail & le bois, qu'il est indispensable d'unir les deux Communautez, qui sans cela seront exposées à des contestations éternelles ; que ces sortes d'unions sont familieres ; que les Emailleurs ont été réünis avec les Fayanciers, & les Fabriquans de bas avec les Marchands Bonnetiers. ; enfin, par une Délibération de la Communauté des Eventailliſtes, ces derniers promettent de payer à un Particulier une ſomme de dix-huit cent livres, à la charge d'obtenir en leur faveur un Arreſt du Conſeil qui les declare ſeuls Inventeurs & Compoſiteurs de toutes les parties de l'Eventail ; d'où les Jurez Tabletiers inférent que les Eventailliſtes n'ont jamais eu de droit de peindre les bois d'Eventails, & qu'eux Tabletiers ſont bien fondez à demander la réünion des deux Communautez, ſi mieux n'aime Sa Majeſté maintenir les Tabletiers dans le droit de fabriquer, faire fabriquer & river les bois d'Eventails, avec défenſes aux Eventailliſtes d'en acheter d'autres que des Tabletiers. La Requête de la Communauté des Maîtres Eventailliſtes ſervant de Réponſe, contenant que leur Profeſſion n'eſt qu'une très-petite étenduë, puiſqu'elle eſt bornée au ſeul travail de l'Eventail, la confection même des bois exceptée, tandis que les Tabletiers ont differens objets pour ſoûtenir leur Commerce ; que l'Article premier des Statuts des Eventailliſtes portant qu'ils ont droit de faire fabriquer & compoſer un Eventail de toutes les parties qui lui ſont neceſſaires, & que l'exception énoncée dans l'Article quatre confirme ce droit, parce que du moment que l'Article premier accorde aux Eventailliſtes un droit univerſel, & que l'Article quatre reſtraint dans un cas cette faculté, la Loi a entendu que l'Eventailliſte ne ſeroit borné que dans le cas de cette reſtriction ; que ſuivant l'eſprit de ces deux Articles les Eventailliſtes ſont obligez d'abandonner aux Tabletiers la fabrication du bâton, qui de leur côté doivent aux Eventailliſtes l'enjolivement, comme la peinture, l'aſſemblage, & la rivure ; que les ſoixante Tabletiers unis doivent s'employer aux ouvrages de leur Profeſſion, au lieu de s'attacher à un objet qui n'en eſt pas, & vouloir détruire une Communauté entiere, qui ne peut s'occuper que de cet objet ; que l'incorporation demandée par les Tabletiers ne peut être écoutée, &

& que la ruine des Eventaillistes en seroit le résultat ; parce que, comme ils ne sont point attachez à faire des bâtons ; que même ce droit leur a été interdit & reservé aux seuls Tabletiers, ceux-ci qui seroient incorporez dans leur Communauté, ayant la faculté de composer tant le bâton que le surplus des Eventails, & de les vendre perfectionnez, leur enleveroient toute opération & tout Commerce, & détruiroient par succession des temps la Communauté entiere des Eventaillistes ; que cette incorporation n'interesse ni l'Etat ni le Public, & ne peut qu'être très-préjudiciable au Commerce, puisqu'elle va à intervertir l'ordre des deux Communautez ; que si elle avoit lieu, il faudroit aussi unir les Orfévres avec les Eventaillistes, puisque ces derniers sont obligez de se fournir chez eux des bois d'or & d'argent, aux termes de leurs Statuts ; que les Tabletiers n'ont aucun droit par les leurs de peindre le bois d'Eventail, & que les Eventaillistes ont au contraire un Article qui les y autorise, parce que qui dit Eventail, dit la feuille & le bois ; que si la seconde partie de cet Article désigne la matiere de la feuille, c'est uniquement pour éviter les disputes qui auroient pû naître entre les Eventaillistes & les Peintres ; d'autant plus que ces derniers ne peuvent peindre les bâtons d'Eventail qu'à la requisition des Eventaillistes & des Marchands Merciers ; que si le Tabletier peignoit le bâton de l'Eventail, l'harmonie & le goût y manqueroient, parce qu'il ne quadreroit point à la peinture de la feuille ; que le bâton, lorsqu'il a reçû du Tabletier toutes les façons dépendantes de son Art, doit être remis à l'Eventailliste, lié simplement d'une cheville de bois amovible, pour qu'il puisse le teindre, le vernir, & faire différentes opérations qui sont de sa Profession ; enfin, que si l'Eventailliste achetoit le bâton tout rivé, il ne pourroit plus désassembler le bois, ni le peindre brin à brin, comme il convient pour le travailler ; & que par conséquent c'est à lui, & non au Tabletier qu'appartient le droit de rivure, ainſi que les Sentènces de Police ont jugé. Sur quoi les Eventailliſtes concluent, à ce qu'il plaiſe au Roy débouter les Tabletiers de leur demande purement & ſimplement, leur faire défenſes de peindre & faire peindre à l'avenir les bâtons d'Eventails, de les faire aſſembler ni river, maintenir les Eventailliſtes dans le droit & la poſſeſſion de peindre ou faire peindre les bâtons d'Eventails, d'y faire les enjolivemens neceſſaires pour la perfection, & de les aſſembler & les river, à l'excluſion des Tabletiers. La Requête des Jurez & Maîtres de la Communauté des Peintres & Sculpteurs intervenans dans l'Inſtance, contenant que la rëünion des Tabletiers avec les Eventailliſtes, demandée tant par les Jurez en charge de la Communauté des Tabletiers, que par les ſoixante Tabletiers unis, ſeroit très-préjudiciable aux Peintres; en ce que les Tabletiers, qui par-là auroient droit de peindre le bois de l'Eventail, ſe paſſeroient d'eux, & pour l'Eventail, & pour les autres ouvrages de Tableterie qu'ils font peindre, & qui leur donne lieu de conclure à ce que les Tabletiers ſoient déboutez de leur demande en rëünion avec les Eventailliſtes. VEU les Statuts des Peigniers & Tabletiers, ceux des Eventailliſtes, les Sentences de Police; enſemble les Requêtes, Pieces & Memoires reſpectivement remis par les Parties; Oüi le Rapport du Sieur Le Pelletier, Conſeiller d'Etat ordinaire & au Conſeil Royal, Controlleur General des Finances: LE ROI EN SON CONSEIL, ſans avoir égard aux demandes en rëünion, formées tant par les ſoixante Tabletiers unis, que par les Jurez en charge de la Communauté deſdits Tabletiers, dont il les a déboutez, ayant aucunement égard à la Requête des Jurez & Maîtres de la Communauté des Peintres & Sculpteurs, a ordonné & ordonne, que les Statuts des Tabletiers, enſemble ceux des Eventailliſtes, ſeront exécutez ſelon leur forme & teneur; en conſéquence a maintenu & maintient les Eventailliſtes dans le droit de peindre &

faire peindre les bâtons d'Eventails, d'y faire les enjolivemens necessaires pour la perfection, & de les assembler & river, à l'exclusion des Tabletiers, ausquels Sa Majesté fait défenses de peindre, assembler, ni river, faire peindre, faire assembler, & river les bâtons d'Eventails; ordonne en outre Sa Majesté, que conformément à l'Article quatre des Statuts des Eventaillistes, les Tabletiers seront & demeureront confirmez dans le droit & possession de tourner, marqueter, & faire les bâtons d'Eventails, que les Eventaillistes seront tenus d'acheter des Tabletiers, & ceux d'or & d'argent des Orfévres. FAIT au Conseil d'Etat du Roy, tenu à Marly le onziéme jour de Février mil sept cent vingt-sept.

Collationné, GOUJON.

Le vingtiéme Février mil sept cent vingt-sept, à la requête des Jurez & Communauté des Maîtres & Marchands Eventaillistes de la Ville & Fauxbourgs de Paris, qui ont élû leur domicile en leur Bureau, rue S. Denis, vis-à-vis S. Sauveur, signifié & laissé copie du Present, aux fins y contenues, aux Jurez en charge de la Communauté des Maîtres Tabletiers de la Ville & Fauxbourgs de Paris, tant pour eux que pour les autres Jurez & Marchands de ladite Communauté des Tabletiers, en leur Bureau scis à Paris, rue S. Jacques de la Boucherie, parlant au Concierge dudit Bureau, qui a promis leur rendre, à ce que du contenu du present Arrest ils n'en ignorent. Par nous, Huissier ordinaire du Roy en ses Conseils. DE BIRYE.

Sentence rendue par Monſieur le Lieutenant General de Police, contre la nommée Letang, & autres Gens ſans qualité, qui colportent & vendent des Eventails aux Portes des Egliſes & autres Lieux publics.

A TOUS ceux qui ces préſentes Lettres verront, Gabriel - Jerôme de Bullion, Chevalier, Comte d'Eſclimont, Prevoſt de Paris; Salut. Sçavoir faiſons, que ſur la Requête faite en jugement devant Nous en la Chambre de Police du Châtelet de Paris, par Maître Deſmarquets, Procureur des ſieurs Antoine Vaxiller, Dominique Guerin, & Claude-François Macré, tous trois Maîtres Eventailliſtes à Paris, & Jurez de preſent en charge de leur Communauté, ayant ſaiſi ſur les ci-après nommez différentes Marchandiſes d'Eventails, par Procès Verbaux de Maître Regnard, Commiſſaire, & de Brunet, Huiſſier à verge, du même jour vingt-ſept May dernier, Demandeurs en confiſcation deſdites Marchandiſes ſaiſies, & autres fins, ſuivant l'aſſignation faite par ledit Brunet, Huiſſier, le vingt-neuf dudit mois de May, controllé à Paris le trente par d'Hurbal, & préſenté, aſſiſtez de Maître Duret, leur Avocat, contre Maître de Latre, Procureur du nommé Leſtang, Maître Cordonnier à Paris, & ſa femme, elle vendant la Marchandiſe d'Eventails ſans qualité, aſſiſté de Maître de Vaujour, leur Avocat: Parties oüies, ſans que les qualitez puiſſent nuire ni préjudicier, Nous ordonnons que les Statuts & Reglemens de la Communauté des Maîtres Eventailliſtes ſeront exécutez ſelon leur forme & teneur, avons la ſaiſie faite par les Parties de Duret ſur celles de Vaujour, des Marchandiſes d'Eventails dont eſt queſtion, déclarées valables; Ordonnons que leſdites Marchandiſes ſeront venduës au Bureau de la Communauté, ſans frais, & le prix rendu pour les trois quarts à la Partie de Vaujour, l'autre quart confiſqué au profit des Jurez : Faiſons défenſes à la Partie de Vaujour de récidiver, & la condamnons aux dépens, le tout ſans avoir égard à l'intervention, & notre Sentence imprimée & affichée aux frais de ladite Partie de Vaujour; ce qui ſera exécuté ſans préjudice de l'appel, & ſoit ſignifié; en témoin de quoi Nous avons fait ſceller ces Préſentes. Ce fut fait & donné par Meſſire René Herault, Chevalier, Seigneur de Fontaine-Labbé, Vaucreſſon, & autres Lieux, Conſeiller d'Etat, & Lieutenant General de Police au Châtelet de Paris, tenant le Siege le Vendredy ving-neuf Août mil ſept cent trente-huit.

Collationné. *Signé*, DE BEAUVAIS.

Scellé le neuf Septembre mil ſept cent trente-huit.

FIN.

TABLE DES PIECES

Contenuës dans ce Recueil.

Fin de la Table.

Sentence de Police rendue par Monsieur Herault, Lieutenant Général de Police, en faveur des Maîtres & Marchands Eventaillistes, contre Jacques-Baptiste Combat, Marchand d'Eventails sans qualité.

A TOUS ceux qui ces présentes Lettres verront, Gabriel Jerôme de Bullion, Chevalier, Comte d'Esclimont, Prevost de Paris, Salut. Sçavoir faisons, que sur la Requête faite en jugement devant Nous en la Chambre de Police du Châtelet de Paris, par Maître Desmarquets, Procureur des Jurez en charge de la Communauté des Maîtres Eventaillistes, à Paris, ayant fait saisir sur le ci-après nommé soixante-douze Eventails & deux brins, par Procès Verbaux du même jour douze Juin dernier, faits par Maître Regnard le jeune, & Brunet, Huissier à verge, Demandeur en validité de ladite saisie, confiscation desdits Eventails, dommages, intérêts, amendes & dépens, suivant l'assignation faite par ledit Brunet, Huissier, le seize du dernier de Juin, controllé à Paris ledix-sept par d'Hurbal & présenté, assistez de Maître Duret leur Avocat, contre Maître Regnard le jeune, Procureur de Jacques-Baptiste Combat, Marchand d'Eventails, san qualité, Défendeur : Parties oüies, sans que les qualitez puissent nuire ni préjudicier. Nous ordonnons que les Statuts & Reglemens de la Communauté des Maîtres Eventaillistes seront exécutez ; & outre la saisie faite sur la Partie de Regnard des Marchandises d'Eventails dont est question, déclarée valable ; Faisons défenses à la Partie de Regnard de recidiver ; Et par grace pour cette fois, sans tirer à conséquence, disons que lesdites Marchandises saisies seront renduës à la Partie de Regnard, que nous condamnons en vingt livres de dommages & intérêts envers les Parties de Duret, lui faisant défenses de récidiver & debiter dans

Paris lesdites Marchandises, sous telles peines qu'il appartiendra, & aux dépens; ce qui sera exécuté nonobstant & sans préjudice de l'appel; En témoin de quoi nous avons fait sceller ces présentes. Ce fut fait & donné par Messire René Herault, Chevalier, Seigneur de Fontaine-Labbé, Vaucresson, & autres Lieux, Conseiller d'Etat, Lieutenant Général de Police au Châtelet de Paris, tenant le Siége le Vendredy premier Août mil sept cent trente-huit

Collationné. *Signé*, DE BEAUVAIS.

Scellé le 21. *Août mil sept cent trente-huit. Signé* SAUVAGE.

Sentence rendue par Monsieur le Lieutenant Général de Police, contre les nommés Dourdilly & Bain, & autres Gens qui colportent & vendent des Eventails aux Portes des Eglises, & autres Lieux publics.

A TOUS ceux qui ces présentes Lettres verront, Gabriel-Jerôme de Bullion, Chevalier, Comte d'Esclimont, Seigneur de Videville & autres Lieux, Maréchal des Camps & Armées du Roi, son Conseiller en ses Conseils, Prévôt de Paris, Salut. Sçavoir faisons, que vû par Nous René Hérault, Chevalier, Seigneur de Fontaine-Labbé, Vaucresson, & autres Lieux, Conseiller d'Etat, Lieutenant Général de Police, de la Ville, Prévôté & Vicomté de Paris, le Procès Verbal du Commissaire Regnard, le jeune, du douze Juin mil sept cent trente-huit, l'Exploit de Saisie du même jour, les deux Procès verbaux de perquisition des personnes & domiciles des nommés Dourdilly, Bain, & leurs Femmes; du seize du même mois, la Requête à Nous présentée par Jean-Baptiste Batouflet, Antoine Vaxiller, Dominique Guerin, & Claude-François Macré, Jurés en charge de la Communauté des Maîtres & Marchands Eventaillistes à Paris, contenant qu'ils ont le douze Juin dernier, assistés dudit Maître Regnard, fait différentes Saisies sur plusieurs Particuliers, Colporteurs, & autres Vendeurs & Débiteurs de Marchandises d'Eventails, & notamment de quarante-deux Eventails, & trois de bois non montés, sur une Particuliére qui étalloit & vendoit lesdits Eventails Pont-au-Change, laquelle s'est dite être Femme du nommé Dourdilly, Maître Peintre, demeurant ruë Françoise, près la Comédie Italienne; & soixante autres Eventails, qu'une autre Particuliére débitoit ruë de Vaugirard, au coin de la ruë Cassette, laquelle Particuliére s'est dite être Femme du nommé Bain, Compagnon Savetier, demeurant rue de Lourcine; desquelles Saisies faites par Jean Leon Brunet, Huissier à Verge au Châtelet de Paris, suivant son Procès verbal dudit jour douze Juin dernier, contrôlé le treize par Berchet; ledit Commissaire Regnard a pareillement dressé son Procès verbal : Et comme lesdits Jurez ont voulu faire assigner lesdits Dourdilly & sa Femme, Bain & sa femme, aux domiciles & demeures indiqués par lesdites Femmes Dourdilly & Bain, à l'effet devoir déclarer lesdites Saisies valables, la Confiscation desdites Marchandises d'Eventalis saisies, ledit Brunet, Huissier, tant transporté ruë Françoise, près la Comédie Italienne, domicile indiqué par ladite Femme Dourdilly, n'a pû y découvrir ni trouver ledit Dourdilly; & s'étant pareillement transporté ruë de Lourcine, pour y trouver le domicile & la demeure dudit Bain; il n'a pû pareillement les trouver, dont s'étant enquis, il a dressé Procès Verbal de perquisition desdits Dourdilly & Bain le 16. dudit mois de Juin; & comme lesdits Jurés ont intérêt de faire ordonner l'exécution de leurs Statuts & Reglemens, & la confiscation des Marchandises d'Eventails par eux saisis sur lesdits Dourdilly, Bain & leurs femmes, ils nous ont présenté leurdite Requête expositive de ce que dessus, à ce qu'il nous plaise ordonner que les quarante-deux Eventails & trois bois d'Eventails saisis sur ladite femme Dourdilly, & les soixante Eventails saisis sur ladite femme Bain, seront & demeureront confisqués au profit des Jurés; défenses ausd.

Dourdilly & sa femme, Bain & sa femme, de récidiver, vendre, colporter, ou autrement débiter des Marchandises d'Eventails sans qualité, sous les peines portées par les Reglemens; & pour la contravention par eux commise, les condamner en telle amende qu'il Nous plairoit arbitrer, & aux dépens; ladite Requête signée Desmarquets, au bas de laquelle est notre Ordonnance de soit communiqué au Procureur du Roi, du 25. Octobre 1738. ses Conclusions étant ensuite du 14. Janvier 1739. & le tout vû & consideré: Nous ordonnons que les quarante-deux Eventails & trois bois d'Eventails saisis sur ladite femme Dourdilly, & les soixante Eventails saisis sur ladite femme Bain, seront & demeureront confisqués au profit des Jurés Eventaillistes; leur permettons d'en disposer ainsi que bon leur semblera, comme de choses à eux appartenantes; faisons très-expresses inhibitions & défenses à toutes personnes qui ne sont point Maîtres Eventaillistes & sans qualité, de vendre, débiter & colporter aucuns Eventails ni autres Marchandises de ladite Profession, sous les peines portées par les Statuts & Reglemens de ladite Communauté: & sera notre présente Sentence imprimée, lûë, publiée & affichée dans tous les Lieux & Carrefours accoutumés de la Ville & Fauxbourgs de Paris, & par tout où besoin sera, ce qui sera exécuté nonobstant & sans préjudice de l'appel. En témoin de ce Nous avons fait sceller ces Présentes. Ce fut fait & donné par Nous Juge susdit, le vingt-sept Janvier mil sept cent trente-neuf. Collationné. TARDIVEAU, & scellé le six Mars mil sept cent trente-neuf.

Signé SAUVAGE.

www.ingramcontent.com/pod-product-compliance
Ingram Content Group UK Ltd.
Pitfield, Milton Keynes, MK11 3LW, UK
UKHW020953180726
13838UKWH00003B/1290